版 权 声 明

本教材自 2010 年出版第 1 版起,历经作者团队从创编到修订,至今第 3 版。从相关调研到资料收集与整理加工,及至成书,倾注了作者大量心血提炼核心内容。所形成的内容序化与文字表述均为创作成果。本教材受《中华人民共和国著作权法》保护。

人民交通出版社股份有限公司依法对本教材享有专有出版权。任何未经许可的复制、传播和不当引用行为均违反《中华人民共和国著作权法》,其行为人将承担相应的法律责任。

特此声明。

中等职业教育改革创新示范教材

城市轨道交通运营安全
（第3版）

耿幸福　崔联云　**主　编**
朱　伃　丁荣晖　黎新华　**副主编**
徐树亮　陈后友　**主　审**

人民交通出版社股份有限公司
北　京

内 容 提 要

本书为中等职业教育改革创新示范教材。全书按照"模块—单元"的模式修编,共分7个模块,26个单元,每个模块后均设有复习思考题,教材配有视频动画资源和实训任务工单。主要内容包括:城市轨道交通运营安全概述、城市轨道交通运营安全管理、城市轨道交通危险源识别与控制、城市轨道交通运营安全技术、城市轨道交通应急救援、城市轨道交通事故分类及事故处理、城市轨道交通事故案例分析以及附录(本教材配套动画资源清单、"城市轨道交通运营安全"课程参考标准)。

本书将岗位技能要求、职业技能标准有关内容有机融入教材,遵循中职教育教学规律、技能人才成长规律,采用大16开装帧,图文并茂、生动活泼,符合中职学生认知特点。

本书为城市轨道交通运营服务专业核心课程教材,可供中职院校城市轨道交通类专业及相关专业教学使用,也可供城市轨道交通行业培训使用。

* 本书配有教学课件、课程标准等丰富教学资源,读者可加入职教轨道教学研讨群(教师专用QQ群号:129327355)获取。

图书在版编目(CIP)数据

城市轨道交通运营安全/耿幸福,崔联云主编. —3版. —北京:人民交通出版社股份有限公司,2022.4(2024.11重印)
ISBN 978-7-114-17848-1

Ⅰ.①城… Ⅱ.①耿…②崔… Ⅲ.①城市铁路—交通运输安全—交通运输管理—中等专业学校—教材 Ⅳ.①U239.5

中国版本图书馆CIP数据核字(2022)第024258号

中等职业教育改革创新示范教材
Chengshi Guidao Jiaotong Yunying Anquan

书　　名:	城市轨道交通运营安全(第3版)
著 作 者:	耿幸福　崔联云
责任编辑:	袁　方
责任校对:	孙国靖　扈　婕
责任印制:	刘高彤
出版发行:	人民交通出版社股份有限公司
地　　址:	(100011)北京市朝阳区安定门外外馆斜街3号
网　　址:	http://www.ccpcl.com.cn
销售电话:	(010)85285911
总 经 销:	人民交通出版社股份有限公司发行部
经　　销:	各地新华书店
印　　刷:	北京市密东印刷有限公司
开　　本:	880×1230　1/16
印　　张:	11.5
字　　数:	275千
版　　次:	2010年6月　第1版 2014年1月　第2版 2022年4月　第3版
印　　次:	2024年11月　第3版　第4次印刷　总第20次印刷
书　　号:	ISBN 978-7-114-17848-1
定　　价:	39.00元

(有印刷、装订质量问题的图书由本公司负责调换)

第3版前言

▶课程特点

"城市轨道交通运营安全"为城市轨道交通运营服务专业的核心课程。城市轨道交通安全管理具有长期性和艰巨性的特点,既受系统内部因素的制约,也受系统外部环境的干扰。该课程包括城市轨道交通运营安全法律法规相关内容,重点引导学生掌握和理解与城市轨道交通有关的各类规章内容,扩展学生对运营工作的认识。该课程高度融合了城市轨道交通运营安全的技能学习和职业素质培养。

▶教材编写背景

教材编写组在北京地铁、京港地铁、广州地铁、成都地铁和杭州地铁等行业企业的支持下,根据十余年在本专业职业教育教学改革、校企合作、企业培训实践的基础,整理和深化了城市轨道交通运营安全方面的成果和经验,再结合第2版的使用反馈意见,形成了这本理实一体化并适合于培养城市轨道交通运营安全类岗位技能的教材。

▶第3版的内容结构

本书包括7个模块、26个单元,主要介绍了以下4个方面知识和技能:

(1)城市轨道交通运营安全基本常识、城市轨道交通运营安全技术及安全分析评价的方法、城市轨道交通各类规章;

(2)城市轨道交通危险源识别与控制;

(3)城市轨道交通应急救援;

(4)城市轨道交通事故分类及事故处理。

▶教材编写分工

参与本书编写工作的有:苏州大学城市轨道交通学院耿幸福、苏州高博软件技术职业学院崔联云编写模块1、3,苏州高博软件技术职业学院丁荣晖编写模块6,苏州高博软件技术职业学院朱佾编写模块2、4,广东交通职业技术学院黎新华、苏州市轨道交通集团有限公司王智永、周伟编写模块7、模块5。全书由耿幸福、崔联云担任主编并统稿,朱佾、丁荣晖、黎新华担任副主编,徐州地铁集团有限公司徐树亮、苏州市轨道交通集团有限公司陈后友担任主审。

▶ **可与本教材配合使用的教学资源**

· 教学课件

本教材配套多媒体课件,以供相关任课教师教学参考,需求者可加入职教轨道教学研讨群(教师专用QQ群号:129327355,亦可扫描右侧二维码加入)向人民交通出版社股份有限公司管理员编辑获取。

· 城市轨道交通类专业数字化资源库

该资源库由全国交通运输职业教育教学指导委员会城市轨道运输类专业指导委员会与人民交通出版社股份有限公司共同立项,主要面向城市轨道交通专业方向的院校和教师。该资源库包括"城市轨道交通运营安全"关键知识点的数字化教学资源,包括动画、视频、教案、课件、课程标准、习题库、案例库等,相关资源目录及内容介绍可扫描右侧二维码了解。有需要者可垂询人民交通出版社股份有限公司司昌静编辑(QQ:26485854,电话:010-85285867)。

▶ **致谢**

本教材经历了两次修编,我们的编写团队也进行了调整和优化。在修编过程中,认真吸取了广大使用教材的教师与行业专家的意见和建议,在此谨向他们表示感谢。同时,也向人民交通出版社股份有限公司为教材出版和配套工作所付出的努力表示感谢。

最后,希望有关院校师生及读者对本教材多提宝贵意见,以便及时修订和完善。联系邮箱:52966525@qq.com。

编 者

2021年12月

目录

模块1　城市轨道交通运营安全概述 ·· 1
单元1.1　城市轨道交通运营安全基础知识 ·· 1
单元1.2　城市轨道交通运营安全特点 ··· 8
单元1.3　城市轨道交通安全管理体系 ··· 9
单元1.4　城市轨道交通运营安全影响因素 ·· 11
复习思考题 ·· 17

模块2　城市轨道交通运营安全管理 ·· 19
单元2.1　城市轨道交通运营安全管理概述 ·· 19
单元2.2　城市轨道交通人员安全管理 ··· 31
复习思考题 ·· 48

模块3　城市轨道交通危险源识别与控制 ·· 49
单元3.1　危险源识别 ·· 49
单元3.2　危险源识别范围及事故类型 ··· 53
单元3.3　危险源控制 ·· 55
单元3.4　安全标志、安全色与安全线 ··· 65
　实训任务1　掌握城市轨道交通安全标志与安全色 ··· 70
复习思考题 ·· 70

模块4　城市轨道交通运营安全技术 ·· 72
单元4.1　行车安全 ·· 72
单元4.2　维修施工作业安全 ·· 81
单元4.3　调试、试验安全 ··· 84
单元4.4　机械安全 ·· 87
单元4.5　电气安全 ·· 93
单元4.6　消防安全 ·· 110
单元4.7　特种设备和特种作业安全 ·· 119
　实训任务2　火灾逃生 ·· 122
　实训任务3　使用常用灭火装置进行灭火训练 ·· 122

复习思考题 ··· 123

模块 5　城市轨道交通应急救援 ··· 124
单元 5.1　城市轨道交通应急设备 ··· 124
单元 5.2　突发事件应急处理 ·· 128
单元 5.3　伤害急救管理 ··· 133
　　实训任务 4　机械伤害急救 ··· 137
　　实训任务 5　触电伤害处理 ··· 137
　　复习思考题 ··· 138

模块 6　城市轨道交通事故分类及事故处理 ································ 139
单元 6.1　城市轨道交通事故分类 ··· 139
单元 6.2　城市轨道交通事故处理 ··· 143
　　复习思考题 ··· 149

模块 7　城市轨道交通事故案例分析 ··· 150
单元 7.1　设备事故 ··· 150
单元 7.2　工伤事故 ··· 151
单元 7.3　消防事故 ··· 152
单元 7.4　行车事故 ··· 153
　　复习思考题 ··· 159

附录 1　本教材配套动画资源清单 ··· 160

附录 2　"城市轨道交通运营安全"课程参考标准 ······················· 161

参考文献 ··· 165

模块 1
城市轨道交通运营安全概述

教学重点

1. 掌握安全、危险、事故等基本概念；
2. 了解安全、危险、隐患、事故的相互关系；
3. 掌握安全问题的基本特性；
4. 了解城市轨道交通运营安全的特点；
5. 了解城市轨道交通安全管理体系；
6. 了解城市轨道交通运营安全影响因素。

建议学时

6 学时

单元 1.1 城市轨道交通运营安全基础知识

一、安全、危险、事故等基本概念

（1）安全

关于安全的概念，可归纳为两种，即绝对安全和相对安全。

绝对安全观是人们较早时期对安全的认识，目前仍然有一部分现场生产管理人员和科技工作者有此认识。绝对安全观认为，安全指没有危险、不受威胁、不出事故，即消除能导致人员伤害，发生疾病、死亡，或者造成设备财产破坏、损失以及危害环境的条件。无危则安，无损则全。例如，在《简明牛津词典》中，安全被定义为"不存在危险和风险"。有的学者认为，安全是"免于能引起人员伤亡或财产损失的条件""安全意味着系统不会引起事故的能力""安全即是无事故，没有遭受或引起创伤、损失或损伤"。这种安全观认为，发生死亡、工伤等的概率为零，这在现实生产系统中并不存在，是安全的一种极端理想的状态。由于绝对安全观过于强调安全的绝对性，其应用范围受到了很大的限制，特别是在分析社会-技术系统的安全问题时，更是如此。

与绝对安全观相对应的是人们现在普遍接受的相对安全观。相对安全观认为，安全是相对的，绝对安全是不存在的。美国哈佛大学的劳伦斯教授将安全定义为"安全就是被判断为不超过允许极限的危险性，也就是指没有受到损害的危险或损害概率低的通用术语"。霍巴特大学的罗林教授指出,"所谓安全,是指判明的危险性不超过允许限度"。在《英汉安全专业术语词典》中,安全被定义为"安全意味着可以容许的风险程度,相比无受损害之忧和损害概率低的通用术语"。

由相对安全的定义可知,安全是在具有一定危险性条件下的状态,安全并非绝对无事故。事故与安全是对立统一的,事故并不完全等于不安全,而只是在安全与不安全这一对矛盾斗争过程中某些瞬间突变结果的外在表现。安全依附于生产过程,伴随生产过程而存在。但安全不是瞬间的结果,而是对系统在某一时期、某一阶段过程状态的描述。换言之,安全是一个动态过程,它是关于时间的连续函数。但在现有理论和技术条件下,确定某一生产系统的具体安全函数形式是非常困难的,通常采用概率法来估算系统处于安全状态的可能性,或者利用模糊数学来说明在非概率情形下的不精确性。

因此,安全是指在生产与生活活动过程中,能将人或物的损失控制在可接受的状态。换言之,安全意味着人或物遭受损失的可能性是可以接受的,若这种可能性超过了可接受的水平,即不安全。该定义具有下述含义:

①这里所讨论的安全是指生产领域中的安全问题,既不涉及军事或社会意义的安全与保安,也不涉及与疾病有关的安全。

②安全不是瞬间的结果,而是对于某种过程状态的描述。

③安全是相对的,绝对安全是不存在的。

④构成安全问题的矛盾双方是安全与危险,而非安全与事故。因此,衡量一个生产系统是否安全,不应仅仅依靠事故指标。

⑤不同的时代,不同的生产领域,可接受的损失水平是不同的,因此衡量系统是否安全的标准也是不同的。

(2)危险

关于什么是危险,从文献上看,目前还没有统一的定义。作为安全的对立面,可以将危险定义为:危险是指在生产与生活活动过程中,人或物遭受损失的可能性超出了可接受范围的一种状态。危险与安全一样,也是与生产过程共存的过程,是一种连续型的过程状态。危险不仅包含了尚未为人所认识的,还包含了虽为人们所认识但尚未为人所控制的各种隐患,以及包含了安全与不安全这一对矛盾斗争过程中某些瞬间发生的突变从外在表现出来的事故结果。

(3)事故(相关教学资源见二维码1)

"事故"一词极为通俗,事故现象也屡见不鲜,但对于事故的确切内涵,至今尚无一致的认识。牛津词典将"事故"一词定义为"意外的、特别有害的事件";美国安全工程师海因里希认为,事故是"非计划的、失去控制的事件";甘拉塔勒等从更为一般的意义上提出,"事故是与系统设计条件具有不可容忍的偏差的事件";吉雷进一步补充说明了"事故是指任何计划之外的事件,可能引起或不会引起损失或伤害";还有的学者从能量观点出发解释事故,认为事故是能量逸散的结果。现概括事故的含义如下:

①事故是违背人们意愿的一种现象。

②事故是不确定事件,其发生形式既受必然性的支配,但也不可避免地受到偶然性的影响。

③事故发生的原因,可归结为以下三类:

a. 目前尚未认识到的原因;

b. 已经认识,但目前尚不可控制的原因;

c. 已经认识,目前可以控制而未能有效控制的原因。

④事故一旦发生,可以造成以下几种后果:

a. 人受到伤害,物受到损失;

b. 人受到伤害,物未受损失;

c. 人未受伤害,物受到损失;

d. 人、物均未受到伤害或损失。

许多工业领域,如铁路运输系统,将凡是造成系统运行中断的事件均归入事故的范畴,虽然系统运行中断不一定会造成直接的财产损失或人员伤害,但却严重干扰了系统的正常运行秩序,将带来严重的间接损失。

⑤事故的内涵相当复杂。从宏观的生产过程来看,事故是安全与危险这一对矛盾斗争过程中某些瞬间突变结果的外在表现形式,是时间轴上一系列离散的点;从微观的生产过程来看,每一个事故均可看作是在极短时间内相继出现的事件序列,是一个动态过程,可以表达为如下形式:

危险触发→以一定的逻辑顺序出现的一系列事件→产生不良后果

综上所述,事故是指在生产活动过程中,由于人们受到科学知识和技术力量的限制或者认识上的局限,当前还不能防止或能防止而未有效控制所发生的违背人们意愿的事件序列。事故的发生,可能迫使系统暂时或较长期地中断运行,也可能造成人员伤亡、财产损失或者环境破坏,甚至其中二者或三者同时出现。

⑥事故的特征主要包括:事故的因果性;事故的偶然性、必然性和规律性;事故的潜在性、再现性、预测性和复杂性。

a. 事故的因果性。因果,顾名思义即原因和结果。因果性即事物之间一事物是另一事物发生的根据,这是一种关联性。事故是许多因素互为因果连续发生的结果,一个因素既是前一个因素的结果,又是后一个因素的原因。也就是说,因果关系有继承性,是多层次的。

事故的因果性决定了事故的必然性。事故是一系列因素互为因果、连续发生的结果。事故因素及其因果关系的存在,决定事故或迟或早必然要发生。其随机性仅表现在何时、何地、因何意外事件触发产生而已。

掌握事故的因果关系,采取措施中断事故因素的因果连锁,就消除了事故发生的必然性,从而可能防止事故的发生。

b. 事故的偶然性、必然性和规律性。从本质上讲,伤亡事故属于在一定条件下可能发生也可能不发生的随机事件。就一特定事故而言,其发生的时间、地点、状况等均无法预测。

事故是由于客观存在不安全因素,随着时间的推移,出现某些意外情况而发生的,这些意外情况往往是难以预知的。因此,掌握事故的原因,可降低事故的概率;掌握事故的原因是防止事故发生的必要条件。但是,即使完全掌握了事故原因,也不能保证绝对不发生事故。

事故的偶然性还表现在事故是否产生后果(人员伤亡、物质损失),以及后果的大小难以预测。反复发生的同类事故并不一定产生相同的后果。事故的偶然性决定了要完全杜绝事故发生是困难的,甚至是不可能的。

事故的必然性中包含着规律性。既然是必然,就有规律可循。必然性来自因果性,深入探查、了解事故因果关系,就可以发现事故发生的客观规律,从而为防止事故发生提供依据。应用概率理论,收集尽可能多的事故案例进行统计分析,就可以从总体上找出带有根本性的问题,为宏观安全决策奠定基础,为改进安全工作指明方向,从而做到"预防为主",实现安全生产的目的。

由于事故或多或少地具有偶然性,因而要完全掌握其规律非常困难。但在一定范畴内,用一定的科学仪器或手段却可以找出它的近似规律。

从偶然性中找出必然性,认识事故发生的规律性,变不安全条件为安全条件,把事故消除在萌芽状态之中,这就是防患于未然、预防为主的科学根据。

c.事故的潜在性、再现性、预测性和复杂性。事故往往是突然发生的。然而导致事故发生的因素,即"隐患或潜在危险"早就存在,只是未被发现或未受到重视而已。随着时间的推移,一旦条件成熟,这些因素就会显现并酿成事故,这就是事故的潜在性。

事故一经发生,就成为过去。时间一去不复返,完全相同的事故不会再次显现。然而没有真正地了解事故发生的原因,并采取有效措施去消除这些原因,就会再次出现类似的事故。因此,应致力于消除这种事故的再现性。

人们根据对过去事故所积累的经验和知识以及对事故规律的认识,用科学的方法和手段,可以对未来可能发生的事故进行预测。事故预测就是在认识事故发生规律的基础上,充分了解、掌握各种可能导致事故发生的危险因素以及它们的因果关系,推断它们发展演变的状况和可能产生的后果。事故预测的目的在于识别和控制危险,预先采取对策,最大限度地减少事故发生的可能性。

事故的发生取决于人、物和环境的关系,具有极大的复杂性。

⑦事故隐患。在我国长期的事故预防工作中经常使用事故隐患一词。所谓隐患,是指隐藏的祸患。事故隐患即隐藏的、可能导致事故的祸患,这是一个在长期工作实践中大家形成的共识用语,一般是指那些有明显缺陷、毛病的事物,即人的不安全行为和物的不安全状态。极端天气事故隐患如图1-1所示。

从系统安全的角度来看,通常人们所说的事故隐患包括一切可能对人-机-环境系统带来损害的不安全因素。事故隐患可定义为:在生产活动过程中,由于人们受到科学知识和技术力量的限制,或者由于认知上的局限,而未能有效控制的有可能引起事故的一种行为(一些行为)、一种状态(一些状态)或二者的结合。隐患是事故发生的必要条件,隐患一旦被识别,就要予以消除。对于受客观条件所限而不能立即消除的隐患,要采取措施降低其危险性或延缓危险性增长的速度,减少其被触发的概率。

图 1-1　事故隐患(极端天气)

⑧危险源。系统安全研究认为,危险源的存在是事故发生的根本原因,防止事故就是消除、控制系统中的危险源。

"危险源"一词译自英文单词 Hazard,按英文词典的解释,"Hazard—a source of danger",即危险的根源之意。哈默(Willie Hammer)定义危险源为可能导致人员伤害或财物损失事故的、潜在的不安全因素。按此定义,生产、生活中的许多不安全因素都是危险源。根据危险源在事故发生、发展中的作用,把危险源划分为两大类,即第一类危险源和第二类危险源,如图 1-2 所示。

图 1-2　危险源

第一类危险源是指系统中存在的、可能发生意外释放的能量或危险物质。在实际工作中,往往把产生能量的能量源或拥有能量的能量载体作为第一类危险源来处理。第一类危险源具有的能量越多,一旦发生事故其后果将越严重。相反,第一类危险源处于低能量状态时就比较安全。同样,第一类危险源包含的危险物质的量越多,损害人的新陈代谢越严重,其危险性也越高。

第二类危险源是指导致约束、限制能量的措施失效的各种不安全因素,包括人、物、环境三个方面的问题。人失误可能直接失去对第一类危险源的控制,造成能量或危险物质的意外释放;同时,人失误也可能造成物的故障,进而导致事故。物的故障可能直接使约束、限制能量或危险物质的措施失效,从而发生事故。有时一种物的故障可能导致另一种物的故障,最终造成能量或危险物质的意外释放;物的故障有时会诱发人失误;人失误会造成物的故障,实际情况比较复杂。环境因素主要指系统运行的环境,包括温度、湿度、照明、粉尘、通风换气、噪声和振动等物理环境以及企业和社会的软环境。不良的物理环境会引起物的故障或人失误;企业的管理制度、人际关系或社会环境影响人的心理进而可能引起人失误。

第二类危险源往往围绕第一类危险源随机发生,它们出现的情况决定事故发生的可能性。第二类危险源出现得越频繁,发生事故的可能性越大。

二、安全、危险、隐患、事故的相互关系

(1) 安全与危险(相关教学资源见二维码2)

安全与危险是一对矛盾。一方面,双方互相排斥、互相否定;另一方面,安全与危险两者互相依存,共同处于一个统一体中,存在着向对方转化的趋势。安全与危险这对矛盾的运动、变化和发展推动着安全科学的发展和人类安全意识的增强。

行车安全无小事

描述安全与危险的指标分别是安全性与危险性,安全性越高则危险性就越低,安全性越低则危险性就越高。

(2) 安全与事故

安全与事故是对立的,但事故并不是不安全的全部内容,而只是在安全与不安全的矛盾斗争过程中某些瞬间突变结果的外在表现。

系统处于安全状态并不一定不发生事故,系统处于不安全状态,也未必完全由事故引起。

(3) 危险与事故

危险不仅包含了作为潜在事故条件的各种隐患,还包含了安全与不安全的矛盾激化后表现出来的事故结果。

事故发生,系统不一定处于危险状态;事故不发生,也不能否认系统不处于危险状态,事故不能作为判别系统危险与安全状态的唯一标准。

(4) 事故与隐患

事故总是发生在操作的现场,总是伴随隐患的发展而发生在生产过程之中,事故是隐患发展的结果,而隐患则是事故发生的必要条件。

(5) 危险源与事故

一起事故的发生是两类危险源共同起作用的结果。第一类危险源的存在是事故发生的前提，没有第一类危险源就谈不上能量或危险物质的意外释放，也就无所谓事故。如果没有第二类危险源破坏对第一类危险源的控制，也不会发生能量或危险物质的意外释放。第二类危险源的出现是第一类危险源导致事故的必要条件。

在事故的发生、发展过程中，两类危险源相互依存、相辅相成。第一类危险源在事故时释放出的能量或危险物质是导致人员伤害或财物损坏的能量主体，决定事故后果的严重程度；第二类危险源出现的难易程度决定事故发生的可能性的大小。两类危险源共同决定危险源的危险性。安全、危险、隐患、事故的相互关系如图1-3所示。

图1-3 安全、危险、隐患、事故的相互关系

三、安全问题的基本特性

作为伴随生产而存在的安全问题，对于所有的技术系统都具有普遍的意义，交通运输系统也不例外。安全问题的基本特性主要表现在如下五个方面。

1. 安全的系统性

安全涉及技术系统的各个方面，包括人员、设备、环境等因素，而这些因素又涉及经济、政治、科技、教育和管理等方面。特别对于城市轨道交通运输这样的开放系统，安全既受系统内部因素的制约，也受系统外部环境的干扰。而安全的恶化状态(事故)不仅可能造成系统内部的损害，而且可能造成系统外部环境的损害。因此，研究和解决安全问题应从系统观点出发，运用系统工程的方法，进行综合治理。

2. 安全的相对性

凡是人类从事的生产活动，都有安全问题，所不同的只是发生事故的可能性有大有小，危害程度有轻有重而已。安全的相对性表现在三个方面：首先，绝对安全的状态是不存在的，系统的安全是相对于危险而言的；其次，安全标准是相对于人的认识和社会经济的承受能力而言的，抛开社会环境讨论安全是不现实的；最后，人的认识是无限发展的，对安全机理和运行机制的认识也在不断深化，即安全对于人的认识而言具有相对性。由安全的相对性可知，在各种生产和生活活动过程中，事故或危害事件是可以避免的，但难以完全避免；各种事故或危害事件的不良作用、后果及影响可能避免，但难以完全避免。但是，事故是可以预防的，可以利用安全系统工程的原理和技术，预先发现、鉴别、判明各种隐患，并采取安全对

策,从而防患于未然。

3. 安全的依附性

安全是依附于生产而存在的,它不可能脱离具体的生产过程而独立存在,只要存在生产活动,就会出现安全问题。另外,安全是生产的前提和保障,安全工作做得不好,生产便无法顺利进行。因此,需要持久地抓好安全工作。

4. 安全的间接效益性

要保证生产安全,必须在人员、设备、环境和管理方面有相应、适时的安全投入,但安全投入所产生的社会和经济效益却是间接的、无形的,难以定量计算。因此,安全投入往往被忽视,只有发生了事故造成损失之后才会意识到安全投入的必要性和重要性。事实上,安全的效益除了减少事故的直接和间接经济损失外,更重要的是在提升人员素质、改进设备性能、改善环境质量和加强生产管理等方面所创造的积极的社会效益和经济效益。

5. 安全的长期性和艰巨性

人对安全的认识在时间上往往是滞后的,很难预先完全认识到系统存在和面临的各种危险,而且即使认识到了,有时也会由于受到当时技术条件的限制而无法予以控制。随着技术进步和社会发展,旧的安全问题解决了,新的安全问题又会产生。所以,安全工作是一个长期的过程,必须坚持不懈、始终如一地努力做好安全工作。

此外,高技术常常伴随着高风险,随着现代科学技术的发展,各种技术系统的复杂程度增加了。以现代交通运输系统为例,无论从规模、速度、设备和管理上都发生了极大的飞跃,一旦发生事故,其影响之大、伤亡之多、损失之重、补救之难,都是传统运输方式不可比拟的。此外,事故是一种小概率的随机偶发事件,仅仅利用已有的事故资料不足以及时、深入地对系统的危险性进行分析,而现代社会的文明进步又不容许通过事故重演来深化对安全的研究。因此,认识事故机理,不断揭示系统安全的各种隐患,确实是艰巨的任务。

单元1.2　城市轨道交通运营安全特点

要做好城市轨道交通运营安全工作,首先,必须了解城市轨道交通运营企业安全工作的特点;然后,针对其特点,采取相应措施,确保运营质量。城市轨道交通运营管理的安全工作体现在两个方面:一方面,与其他行业有着共同的要求,即在城市轨道交通运营管理过程中,防止和消除人身伤亡事故和设备损毁事故,变危险为安全,变有害为无害;另一方面,城市轨道交通运营管理在安全上有其自己的特点,其特点主要体现在以下几个方面。

1. 城市轨道交通是一架大联动机,安全工作影响面广

城市轨道交通运营都是在地下、地面、高架等复杂的运行环境下进行,外界自然环境、社

会环境以及城市轨道交通运营系统内部环境等方面的因素对运营安全的干扰和影响较大。城市轨道交通运营是由车辆、车站、工务、电务等多部门组成的一架巨大的联动机,每个工作环节必须紧密联系、协同动作,才能确保运营安全。否则,一个部门、一个环节出了问题都会影响其运营安全,特别是行车安全方面更为突出。如果一个地方发生行车重特大事故,就会影响一线、一片甚至波及整个企业的运营。

2. 城市轨道交通运营过程复杂,安全工作贯穿始终

城市轨道交通运送乘客,要经过若干工序、若干人员的共同劳动才能实现乘客的位移,将其运送到目的地。安全工作贯穿运营管理过程的始终,涉及运营管理环节中的每一道工序、每一个人。因此,在城市轨道交通运营过程中,各个工作环节都必须严格遵章守纪,只有这样,才能确保乘客的安全。

3. 城市轨道交通运营受外界自然环境影响大

城市轨道交通运营受外界自然环境变化的影响大。例如,阴天、下雨、刮风、下雪、下雾等都会影响列车司机瞭望信号和观察线路情况,稍不注意就可能发生事故;一到防洪季节,就可能发生塌方、落石或线路、桥梁毁坏事故,影响行车安全;一到寒冷季节,就可能造成运营设备冻坏,影响安全运营;强烈的雷电,有可能毁坏或干扰通信、信号设备,也可能影响行车安全等。

4. 城市轨道交通线网覆盖整个城市,安全工作受社会环境影响大

城市轨道交通运送乘客是在复杂的城市轨道交通线网上完成的。因此,社会治安秩序的好坏,沿线人民群众对城市轨道交通安全知识的了解,或者一些乘客违章携带危险品、易燃和易爆品上车等,都将影响城市轨道交通的安全。

5. 城市轨道交通是城市现代化交通工具,技术性强

城市轨道交通是城市现代化的交通工具,设备先进、结构复杂,因而,技术性很强。各种车辆、车站设备、调度设备、通信设备、养路机械、修车设备等结构复杂,要求有相应的安全技术措施和有关的技术知识。因此,各类操作人员都必须经过技能培训和经过严格考试考核并合格后才能任职。只有这样,才能确保运营安全。

6. 城市轨道交通运营是动态的,时间因素对安全影响大

城市轨道交通运营是通过列车使乘客发生位移,把他们运送到目的地。由于行车的密度大,列车运行间隔时间短,因此,在运营时要求有关人员特别注意时间因素,要做到分秒不差、准确无误,才能确保运营安全。否则,一分一秒之差,可能导致重特大事故,造成不可挽回的损失。

单元1.3 城市轨道交通安全管理体系

各种自然和人为因素均会对城市轨道交通的安全运营构成威胁,而随着城市轨道交通技术水平的复杂化、组织运输的专业化、客流量的密集化,以及客流量周期性、时效性、落差性的日益增强,大多数城市轨道交通建设都采取了高架或地下的形式,这样就给安全管理和突发性事故的处理工作带来了很大的难度。如果不能为城市轨道交通提供强有力的安全保障,就会使自身的可信度降低,民众也会因此倾向于选择其他方式出行,进而在一段时间内对城市经济发展和居民的正常生活造成不良影响。所以,必须建设科学、完善的城市轨道交通安全管理体系。

一、建设城市轨道交通安全管理体系的目的和原则

(1)目的:使城市轨道交通的日常运营和安全管理工作能够达到有关标准和规范的要求,尽可能降低安全事故发生的频率和等级。

(2)原则:建设城市轨道交通安全管理体系的过程中应注意坚持法律性、程序性、差异性和明确性的原则。

二、城市轨道交通安全管理体系的主要内容

(1)法律法规体系。我们这里所说的法律法规体系,是指专为城市轨道交通安全管理工作所出台的法律法规,或者其他法律法规中的有关条款。法律法规体系具有稳定性、规定性和强制性的特征,是确保安全管理工作正常进行的重要前提条件。

(2)企业内部安全管理体系。企业内部安全管理体系主要包括企业有关运营、设备安全、行车组织、人力资源等管理内容,贯穿于企业其他管理体系当中,将其紧密地结合在一起,是城市轨道交通安全管理工作的主体和核心内容。

(3)事故预防及处理体系。所谓事故预防体系就是针对城市轨道交通可能出现的安全事故所制定的一系列事故预防要求,如对火灾、爆炸、旅客伤亡等安全事故的预防。而事故处理体系则主要包括对安全事故所导致后果的善后处理、原因分析及责任划分等内容。

(4)检查评估体系。检查评估体系主要包括对安全标准和规定的执行情况进行监督和检查,以及根据检查结果所做出的奖惩决定等内容。

三、城市轨道交通安全管理体系的组织结构和职能

首先,国家级和地方的城市轨道交通安全管理部门,主要负责相关法律规范和政策的制定与出台工作,同时根据法律法规的要求对有关单位的运营活动进行监督和管理,并向那些符合标准要求的企业颁发许可证。除此之外,还负责对安全事故的评估和处理工作。

其次,运营企业,主要负责根据有关法律法规的要求制定企业内部的规章制度,确保城市轨道交通的运营和企业的日常经营活动符合有关规定的要求,并通过各种方式预防各类安全事故的发生。同时,还要协助管理部门完成安全检查工作,当安全事故发生时,则须积极配合有关部门共同对事故进行及时、有效的处理。

最后,医疗、消防、公安等部门,主要负责安全事故发生后的善后工作以及城市轨道交通运营过程中各类治安案件的预防和侦破工作。另外,消防部门还负责对城市轨道交通的消防安全情况进行定期的检查和不定期抽检,以保证消防安全。

安全管理组织架构图如图 1-4 所示。

图 1-4　安全管理组织架构图

单元 1.4　城市轨道交通运营安全影响因素

城市轨道交通运营系统是一个在时间和空间上分布很广的、开放的动态系统,运营安全影响因素错综复杂,涉及范围很广。从系统论的观点出发,与运营安全有关的因素可以划分为四类,即人、机器、环境和管理。这种分类具有下述优点:

(1)它是从构成运营系统的最基本元素出发,从事故的最基本原因着手,具有普遍意义。

(2)充分体现安全是一项全员、全要素、全过程的活动。因为,系统中的"人"是指作为工作主体的人;"机"是指人所控制的一切对象的总称(包括固定设备和移动设备);"环境"是指人、机共处的特定的工作条件(包括内部环境和外部环境)。

(3)考虑了人、机、环境对安全的影响,尤其考虑了三者之间的相互作用,包括:人-人、人-机、机-机、机-环境、人-环境、人-机-环境对安全的影响和相互作用等。

(4)以管理作为控制、协调手段,协调人、机、环境之间的相互关系,并通过反馈作用将系统状态的信息反馈给管理系统,从而改进安全管理方法,最终得到更为安全的系统。城市轨道交通运营安全影响因素之间的关系,如图 1-5 所示。

图1-5 城市轨道交通运营安全影响因素之间的关系

一、单因素影响分析

1. 人员因素影响分析

（1）人在保障运营安全方面的重要性

随着自动化程度的不断提高，表面上看起来似乎系统对人的依赖程度减少了，但在系统设计、生产和使用阶段，人扮演着重要角色。Meisterde的研究表明，人为差错造成设备故障占所有设备故障的20%~50%。人为差错或失控产生的原因是多方面的，如操作者负担过重、疲劳及其综合素质等。

在安全问题中，人是矛盾的主要方面，因为即使是高度自动化的系统也不可能完全避免人的介入，不可能完全不受人的操纵和控制。德国安全专家库尔曼认为，人是一种安全因素和防护对象，机器只是一种安全因素，环境也只是一种安全因素和应予以保护的财富。在"人-机-环境"系统中，一个掌握足够技能和装备的人能够发现并纠正系统故障，并且使其恢复到正常状态。不幸的是，绝大多数事故的发生均与人的不安全行为有关。众所周知，韩国大邱地铁火灾事故与伦敦发生的地铁列车脱轨事故均与人的差错有关。

城市轨道交通运营安全与许多活动有关，所有各项活动都依赖于高效、安全和可靠的人的行为。在城市轨道交通运营工作的每一个环节、每一项作业中，都有人来参与，人处于主导地位。人操纵、控制、监督各项设备，完成各项作业，与环境进行信息交流，与其他作业协调一致。正是由于人在运营工作中的重要地位，使得人的因素在运营安全中起着关键性作用。

人对运营安全的特殊作用，可归纳为下述三点：

①人的主导性。在人和设备的有机结合体中，人是主导方面。设备必须由人来设计、制造、使用和维护，即使是技术状态良好的安全设备，也只有通过人的正确使用才能发挥它的

作用。

②人的主观能动性。当情况突然发生变化时，人能够立即采取相应的措施，排除故障等不安全因素，使系统恢复正常运转。只有人，才具有主观能动性，从而具有合理处置意外情况的能力。

③人的创造性。人能够通过研究和学习，不断地提高和改进现有系统的安全水平。

（2）运营安全对人员的素质要求

影响城市轨道交通运营安全的人的因素，是指人员的安全素质，包括思想素质、技术业务水平、生理素质以及群体素质，且对不同人员有不同的素质要求。

①对运营系统内人员的安全素质要求。

a. 思想素质。思想素质包括职业道德、劳动纪律和安全观念等。安全思想素质差，责任心不强，是导致"违章违纪"等不安全行为的重要原因。"安全第一，预防为主"的思想树立不牢，往往会制约一个单位的安全状况。

b. 技术业务素质。技术业务素质包括业务知识、文化素养、安全法律知识和安全技能，以及处理各种非正常情况的作业能力等。由于城市轨道交通运营作业经常可能面临各种意外情况，所以工作人员的应变能力非常重要。此外，安全管理人员还应具备相应的安全管理知识和能力。

c. 生理素质。生理素质是指影响运营安全的人体生命活动，包括身体条件及生理状况。生理素质主要有年龄、性别、记忆力、体力、耐力、血型、视力、视觉（色觉、形觉、光觉）、听觉、动作反应时间和疲劳强度等，这些均与城市轨道交通运营安全有着十分密切的关系。例如，若司机存在视觉功能障碍，便不能准确瞭望，极易发生行车事故。

d. 心理素质。心理素质是指影响运营安全的人的心理过程及个性心理特征，主要包括个体的气质、能力、性格、情绪、需要、动机、态度、爱好、兴趣、意志等方面。例如，在气质方面，胆汁质的人往往容易冲动，表现为性急而粗心；多血质的人注意力容易转移，缺乏耐性，可能引发事故；黏液质的人表现为稳定、细心、工作有持久性，比较适合在安全部门工作。在性格方面，表现为勤劳、认真、细致、具有自信心和控制能力的人，以及富有稳定和持久的情绪特征的人，都有利于做好各项安全工作。因此，正确判断员工的气质，培养他们良好的心理素质，是保障安全运营的重要前提。

e. 群体素质。群体是个体的集合。群体素质是指影响运营安全的群体特征，包括群体目标、群体凝聚力、群体的信息沟通、群体的人际关系等。由于城市轨道交通运营工作要求所有工种协同动作，涉及多个环节，因此它对于运营系统内部与部门之间、部门内人员之间以及同一作业的操作者之间的协调性要求很高，这就使得群体的作用十分突出。群体对运营安全的影响，主要表现在群体意志影响其成员的行为，包括社会从众作用、群体助长作用和群体规范作用。

②对运营系统外人员的安全素质要求。

运营系统外人员不直接从事运营活动，因此，对他们的安全素质要求主要体现在：要严格遵守交通安全法规有关规定，具备城市轨道交通安全常识，同时具有较强的安全意识和一定的安全技能。

运营安全对不同人员的素质要求,如图1-6所示。

图1-6 运营安全对不同人员的素质要求

2. 设备因素影响分析

城市轨道交通运营设备是除人之外影响运营安全的另一个重要因素。质量良好的设备,既是运营的物质基础,又是运营安全的重要保证。

与运营安全有关的设备类型,包括以下两个方面:

(1)运营基础设备。运营基础设备包括固定设备和移动设备。

①固定设备,如线路(路基路面、桥隧建筑物、轨道)、车站、信号设备(交通信号设备、联锁设备、闭塞设备)等。

②移动设备,如电动车辆、通信设备(各种业务电话、电报)等。

(2)运营安全技术设备。运营安全技术设备包括安全监控设备、安全检测设备、自然灾害预报与防治设备、事故救援设备。

①安全监控设备。对运营系统员工操作是否正确进行监督,防止在实际运营作业过程中由于人的精力和体力出现不适应而造成行车事故。

②安全检测设备。对各种运营基础设备的技术状态进行检测。

③自然灾害预报与防治设备,如塌方报警装置、地震报警系统、火灾报警系统等。

④事故救援设备,如消防、抢修、排障等设备。

3. 环境因素影响分析

影响运营安全的环境条件,包括内部环境和外部环境两部分。

(1)内部环境

对于一般微观的人-机-环境系统来说,内部环境通常是指作业环境,即作业场所人为形成的环境条件,包括周围的空间和一切运营设施所构成的人工环境。然而,运营系统是一个非常复杂的宏观大系统,它是由系统硬件(如运营基础设备和运营安全技术设备等)、系统工作人员(如运营系统内的各级管理人员和作业人员等)、组织机构(如管理、运行机构,维修机构等)以及社会经济因素(如政治、经济、文化、法律等)等互相作用而构成的社会-技术系统。因此,影响运营安全的内部环境不仅包括作业环境,还包括通过管理所营造的运营系统内部的社会环境,即运营系统外部社会环境因素在运营系统内的反映,它涉及面广,包括运营系统内部的政治、经济、文化、法律等环境。

（2）外部环境

影响运营安全的外部环境，包括自然环境和社会环境。

①自然环境是指自然界提供的、人类一时尚难以改变的生产环境。自然环境对运营安全的影响很大。运营线路暴露在大自然中，经常遭受洪水、雷电、台风、地震等自然灾害的威胁。在各种自然灾害中，较常见的是暴雨、洪水，暴雨、洪水严重影响运营安全，危害极大。此外，气候因素（如风、雨、雷、电、雾、雪、冰等）、季节因素（春、夏、秋、冬）、时间因素（白天、黑夜），以及运营线路沿线的地形地貌等，都是不容忽视的事故因素。

②社会环境包括社会的政治环境、经济环境、技术环境、管理环境、法律环境，以及社会风气、家庭环境等，它们对运营安全均有不同程度的影响，较为直接的是运营线路沿线治安和站场秩序状况。

影响运营安全的环境因素，如图1-7所示。

图1-7 影响运营安全的环境因素

二、各种因素相互影响分析

人、机、环境三者之间相互作用的方式最主要的有以下四种。

1."人-人"之间

城市轨道交通运营是由多部门、多层次人员分工与协作来实现的。人与人之间相互作用、相互影响、相互依赖、相互制约，必须协调配合，才能有效地保证运营的顺利进行。如果人与人之间的协调配合不好，就会造成事故隐患乃至发生运营事故。

2."人-机"之间

在人与机的关系中，人是行为的主体，由人操纵机器运转，人的劳动能力、劳动态度直接影响机器的运转状况。同时，机可以部分地监督人的行为，减少人为偏差。所以"人-机"之间是相互作用和相互影响的关系。

3. "人-环境"之间

人的活动是在一定的环境中进行的,受环境的影响和制约。一方面,人从环境中获取物质、能量和信息,可以创造、改造环境;另一方面,环境反作用于人,使人必须适应环境。

4. "人-机-环境"之间

"人-机-环境"构成运营安全保障系统最基本的组成要素,根据系统的整体性思想,单纯一个要素的良好状态并不能保证系统的优化,为充分发挥系统的整体功能,必须有效地组合与协调三者之间的关系。

三、管理因素影响分析

城市轨道交通运营安全管理,是指管理者按照安全运营的客观规律,对运营系统的人、财、物、信息等资源进行计划、组织、指挥、协调和控制,以达到减少或避免交通运营事故的目的。换言之,城市轨道交通运营安全管理,是指为了有效地减少运营事故及由运营事故所引起的人和物的损失而进行危险控制的一切活动。

城市轨道交通运营安全管理,包含以下五个方面的含义:

(1)其目的是消灭和减少运营事故及其损失。

(2)其主体是运营系统的各级管理人员。

(3)其对象是人(基层作业人员)、财(安全技术措施经费等)、物(运营基础设备和运营安全技术设备等)、信息(安全信息)等。

(4)其方法是计划、组织、指挥、协调和控制。

(5)其本质是充分发挥人的积极性和创造性,调动一切积极因素,促使各种矛盾向有利于运营安全的方面转化。

管理具有计划、组织、指挥、协调、控制的职能,管理使人、机械组成一个能够有效实现预期目标的系统。人、机、环境往往是造成事故的直接原因,而管理看似间接原因,但追根溯源则是事故的本质原因。这是因为前者都是受后者"管理"要素支配的,所以安全工作的关键是管理。

管理对运营安全的重要性,主要体现在以下三个方面:

(1)管理有助于提高运营系统内人员、设备和环境的安全性,如进行人员教育与培训等。

(2)管理具有协调运营系统内人、机、环境之间关系的功能,包括"人-人"关系、"人-机"关系、"人-环境"关系、"人-机-环境"关系。

(3)管理具有优化运营系统"人-机-环境"整体安全功能的能力,亦即管理具有运筹、组合、总体优化的作用。

影响城市轨道交通运营安全管理的因素较多,主要有安全组织、安全法治、安全信息、安全技术、安全教育和安全资金(图1-8)。相关教学资源见二维码3。

行车安全

图 1-8　影响城市轨道交通运营安全管理的因素

复习思考题

一、选择题

1. 安全的基本特征包括：(　　)。
   A. 安全的系统性
   B. 安全的相对性
   C. 安全的依附性
   D. 安全的间接效益性
   E. 安全的长期性和艰巨性

2. 事故的发生取决于(　　)。
   A. 人　　　　　　B. 物　　　　　　C. 环境　　　　　　D. 复杂性

二、填空题

1. 安全可分为_____和_____。
2. 事故的特征主要包括：_____、_____、_____、_____、_____等(答出5个即可)。
3. 影响运营安全的外部环境，包括_____和_____。

三、判断题

1. 危险与安全一样，也是与生产过程共存的过程。　　　　　　　　　　　　(　　)

2. 随着城市轨道交通的不断发展,城市轨道交通运营中发生的各类事故也越来越少。（　　）

四、名词解释

1. 事故：

2. 安全：

五、简答题

1. 简述安全、危险、隐患、事故的相互关系。

2. 影响运营安全的人员、设备、环境因素有哪些?

模块 2
城市轨道交通运营安全管理

教学重点

1. 掌握安全生产与安全管理的概念；
2. 了解城市轨道交通安全管理的内容；
3. 了解人员管理。

建议学时

14 学时

单元 2.1　城市轨道交通运营安全管理概述

一、安全生产与安全管理

1. 安全生产

《辞海》中将"安全生产"解释为：为预防生产过程中发生人身、设备事故，形成良好劳动环境和工作秩序而采取的一系列措施和活动。《中国大百科全书》中将"安全生产"解释为：旨在保障劳动者在生产过程中安全的一项方针，也是企业管理必须遵循的一项原则。这一方针和原则，要求最大限度地减少劳动者的工伤和职业病，保障劳动者在生产过程中的生命安全和身体健康。前者将安全生产解释为企业生产的一系列措施和活动，后者则将安全生产解释为企业生产的一项方针、原则和要求。

根据现代系统安全工程的观点，上述解释只表述了一个方面，都不够全面。概括地说，安全生产是为了生产过程，在符合物质条件和工作秩序下进行的，为防止发生人身伤亡、财产损失和环境破坏等生产事故，消除或控制危险及有害因素，保障人身安全与健康，避免设备和设施受损坏、环境遭破坏的活动总称。

2. 安全管理

（1）安全管理的定义

安全管理是企业管理的一个组成部分，是以安全为目的，进行有关决策、计划、组织、指挥、控制和协调等一系列活动的总称。

（2）安全管理的主要内容

安全管理的范畴包括安全生产和劳动保护两个方面。安全管理的主要内容是为贯彻执行国家安全生产的方针、政策、法律和法规,确保生产过程中的安全而采取的一系列组织措施。例如,建立健全安全组织机构,制定和完善安全管理制度,编制和实施安全技术措施计划,进行安全宣传教育,组织安全检查,开展安全竞赛、总结、评比、奖励,以及处分等。

(3) 安全管理的基本任务

安全管理的基本任务是发现、分析和消除生产过程中的各种危险,防止发生事故和造成职业病,避免各种损失,保障员工的安全与健康,从而推动企业生产的顺利发展,为提高社会效益和经济效益服务。地铁安全管理考核如图 2-1 所示。

图 2-1　地铁安全管理考核

(4) 安全管理的目标

安全管理的目标是减少和控制危害,减少和控制事故,尽量避免生产过程由于事故所造成的人身伤害、财产损失、环境污染以及其他损失。

(5) 安全管理的基本对象

安全管理的基本对象是企业的员工,涉及企业中的所有人员、设备设施、物料、环境、财务、信息等方面。安全生产管理的内容包括安全生产机构管理、安全生产人员管理、安全生产责任管理、安全生产制度管理、安全生产策划管理、安全教育培训管理、安全生产档案管理等。

(6) 安全管理的基本特征

安全管理具有长期性、全员性及重要性等基本特性。

① 长期性。安全问题存在于生产活动的始终,因此,安全管理活动贯穿于一切生产活动之中,是一项经常性、长期性的工作。从宏观角度来衡量,在人类生产领域中,随着科学的发展以及新技术的应用,会不断出现新的安全技术问题,而人们对安全问题的认识也会进一步深化,更加体现出安全管理活动的长期性和艰巨性。

② 全员性。保证企业能够安全地生产,这是一项与企业全员的行为和切身利益密切相关的工作,必须靠企业的全员来保证。事故率是一个综合性的指标。事故率的高低,体现了企业的综合管理水平,而不仅仅是安全管理人员个人的事情。因此,全员参与安全管理便构成了安全管理的基础。地铁全员参与防汛演练如图 2-2 所示。

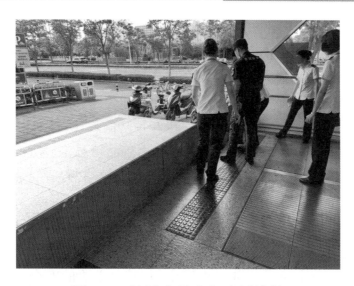

图 2-2　地铁全员参与防汛演练

③重要性。安全问题之所以重要,就在于它遍及生产活动过程的每一个角落,同时又涉及千千万万个家庭。一起重大事故,不仅使企业遭受经济损失,还会在广大职工心灵上蒙上一层阴影。而良好的安全生产环境和秩序,有利于保证广大职工安居乐业,促进经济快速发展。因此,安全管理十分重要,它与企业的社会效益、经济效益有直接的联系。

(7) 安全管理工作中的专业安全工作者

在企业安全管理系统中,专业安全工作者起着非常重要的作用。他们不仅是企业内部上下沟通的纽带,更是企业领导者在安全方面的得力助手。在掌握充分资料的基础上,开展企业安全生产日常监管工作,并向有关部门或领导提出安全改造、管理方面的建议。归纳起来,专业安全工作者的工作包括以下四个部分:

①分析。对事故与损失产生的条件进行判断和估计,并对事故的可能性和严重性进行评价,即进行危险分析与安全评价,这是事故预防的基础。

②决策。确定事故预防和损失控制的方法、程序和规划,在分析的基础上制定出合理可行的事故预防、应急措施及保险补偿的总体方案,并向有关部门或领导提出建议。

③信息管理。收集、管理并交流与事故和损失控制有关的资料、情报信息,并及时反馈给有关部门和领导,保证信息的及时交流和更新,为分析与决策提供依据。

④测定。对事故和损失控制系统的效能进行测定和评价,并为取得最佳效果做出必要的改进。

二、安全生产方针

恩格斯曾经指出:"组织劳动,保护劳动,以使无产阶级利益不受资本势力的侵犯,这是共产主义原则。"

安全生产方针是安全工作的总的指导方针。安全生产方针可以概括为"安全第一,预防为主"。

"安全第一",就是在进行工业生产时,时刻把安全工作放在重要位置,当作头等大事来做好。必须正确处理安全与生产的辩证统一关系,明确"生产必须安全,安全促进生产"的道理。任何生产活动中都存在着不安全因素,存在着发生伤亡事故的危险性。要进行生产,就必须先解决其中的各种不安全问题。"安全寓于生产之中",安全与生产密不可分。无数事实证明,工业伤亡事故不仅给受伤害者本人及其家属带来巨大的不幸,而且干扰生产的顺利进行,给企业带来严重的经济损失。做好安全工作,创造安全的生产劳动条件,不仅可以避免或减少各种事故,还能更好地发挥职工的积极性和创造性,促进工业生产迅速发展。

"预防为主",就是要掌握工业伤亡事故发生和预防的规律,针对生产过程中可能出现的不安全因素,预先采取防范措施,消除和控制它们,做到防微杜渐,防患于未然。科学技术的进步,安全工程的发展,使得人们可以在事故发生之前预测事故,评价事故危险性,先行采取措施消除或控制不安全因素,实现"预防为主"。

"安全第一"与"预防为主"两者相辅相成,前者是明确认识问题,后者是明确方法问题。"安全第一"明确地指出了安全工作的重要性,它是处理安全工作与其他工作关系的总原则、总要求。在组织生产活动时,必须优先考虑安全,并采取必要的安全措施;当安全和生产发生矛盾时,必须先解决安全问题再生产。"预防为主"则要求一切安全工作必须立足于预防;一切生产活动必须在初始阶段就考虑安全措施,并贯彻于生产活动的始终。安全警示牌如图2-3所示。

图2-3 安全警示牌

三、安全管理制度

1. 我国现行安全生产管理体制

我国实行"企业负责、行业管理、国家监察、群众监督"的安全管理体制。20世纪90年代之前,我国的安全管理体制是"国家监察、行政管理、群众监督"。随着改革的深入、政府职能的转变以及企业自主权的扩大,企业在事故预防方面担负的责任更加重要。20世纪90年代初,确立了现行的安全管理体制。"企业负责、行业管理、国家监察、群众监督"的安全管理体制有一个共同目标,就是从不同角度、不同层次、不同方面来推动"安全第一,预防为主"方针的贯彻,协调一致地抓好安全生产。

(1)企业负责

企业是国民经济的基本单位,是从事生产和经营活动的实体。随着社会主义市场经济的建立和企业运行机制的转变,企业已经成为独立的法人。事故预防工作也像其他工作一样,不能像计划经济时期那样等或靠上级的指示和安排,而应该承担起事故预防工作的责任。安全生产是企业自身的需要,是参与市场竞争、寻求发展的前提和保证。企业必须提高自己的安全管理水平,做好事故预防工作,才能适应社会主义市场经济的要求。否则,一旦发生重大伤亡事故,不仅给企业造成巨大的经济损失,而且直接威胁企业的生存和发展。

企业的法人代表是企业的安全生产第一负责人,是企业事故预防工作的直接组织者和指挥者,要全面负责企业的事故预防工作,企业领导要牢固树立"安全第一"的观念,提高各级管理人员和全体职工的安全意识,正确处理安全与生产、安全与效益、安全与稳定的关系,把"安全第一,预防为主"的安全生产方针贯彻于企业一切生产经营活动的全过程。

企业必须遵守国家有关安全生产的法规、制度、规范,依法进行安全管理。

企业要建立健全安全组织机构,完善内部激励机制和监督、约束机制,认真建立和执行安全生产责任制等安全生产管理制度。

企业要在发展生产的同时,不断改善劳动生产条件,消除、控制生产过程中的各种不安全因素,提高企业预防事故的能力。

(2)行业管理

行业归口管理部门与企业主管部门必须遵守"管生产必须管安全"的原则,在组织管理本行业、本部门经济工作中,加强对所属企业的安全管理。

行业安全管理是对行业所属企业贯彻执行国家安全生产方针、政策、法规和标准,进行计划、组织、指挥、协调、宏观控制,以提高整个行业的安全管理和技术装备水平,控制和防止伤亡事故的发生,保障职工安全健康和生产任务顺利完成。行业安全管理的职责主要包括以下七个方面:

①贯彻执行国家安全生产方针、政策、法规和标准,制定本行业的具体规章制度和安全规范,并组织实施。

②实行安全目标管理,制定本行业安全生产的长期规划和年度计划,确定方针、目标、具体措施和实施办法,并严格执行。

③在重大经济、技术决策中提出有关安全生产的要求和内容,组织和指导企业制定和落实安全措施计划,督促企业改善劳动条件。

④在新建、改建、扩建工程和技术引进、技术改造中,贯彻执行主体工程与安全卫生设施同时设计、同时施工、同时投产的"三同时"规定;在组织开发新材料、新产品、新技术、新工艺中,执行有关劳动保护的规定。

⑤参与或组织对本行业的职工进行安全教育和培训工作。

⑥对本行业所属企业安全生产工作进行督促检查,解决存在的问题和隐患;组织或参与伤亡事故的调查处理,并协助国家监察部门查处违章失职行为。

⑦组织本行业的安全检查、评比和考核,表彰先进,总结和交流安全生产经验。

行业安全管理包含着监督检查的职能。有些行业设置了事故预防工作机构,具体负责本行业的安全管理和安全检查工作。这种行业安全检查的性质是属于按行业归口或行政隶属关系,自上而下地进行自我监督和业务监督,它与国家劳动安全监察在性质、地位和职权上都有很大的不同。

(3) 国家监察

国家监察是指国家安全监察部门对安全生产工作进行的监察,具有权威性和相对的独立性、公正性。

安全监察的对象主要是企事业单位,也包括国家法规中所确定的负有安全生产职责的有关政府机关、企事业主管部门、行业主管部门等。

安全监察的任务主要是依法对上述被监察对象履行安全生产职责和执行安全法规、政策的情况进行监督检查;及时发现和揭露存在的问题和偏差,纠正和惩罚违章失职行为,以保证国家安全生产方针、政策和法规的贯彻执行,保护职工的安全与健康,促进社会主义现代化建设事业的发展。安全监察在客观上对于调整劳动关系、改善企业管理、提高经济效益、改进生产技术等方面能起到积极的作用。

安全监察的工作程序因被监察对象的不同而不完全相同,一般来说是"一检查、二处理、三惩罚"。检查是为了了解企事业单位遵循安全法规的情况,发现存在的问题。处理是就检查发现的问题,向企事业单位提出监察意见,令其改正。企事业单位按照监察意见进行整改,达到监察目的。如果企事业单位不按监察意见进行整改,监察部门便可依法惩罚,强制令其改正。

(4) 群众监督

群众监督是广大职工通过工会或职工代表大会监督和协助各级领导贯彻落实安全生产方针、政策、法规,做好事故预防工作。

工会作为劳动关系中的一方、工人群众的代表,具有广泛的群众性。工会组织可以在监督领导执行安全生产方针、政策、法规和标准方面,充分行使自己的权利。例如,企业制定重大安全技术措施计划以及安全技术措施费用的提取、使用等,都应提交职工代表大会讨论;对于领导的严重官僚主义、忽视安全生产等问题,工会有权提出批评和建议,并督促有关方面及时改进。又如,在生产中,如遇有领导违章指挥,强令工人冒险作业,生产设备有重大隐患或尘毒危害严重,有条件解决而不解决;发生急性中毒和重大事故以后,险情尚未排除,没有采取必要的安全措施;在新建、改建、扩建工程中,安全卫生设施与主体工程没有实行"三同时",存在严重危害职工安全与健康的情况等,工会可以做出决定,支持工人拒绝操作,并督促有关领导限期解决。由于工会组织不直接参与企业的经营和管理工作,所以在安全监督方面能够比较客观、公正地履行职责,发挥重要作用。

工会是群众团体,它代表的群众监督只是通过批评、建议、揭发、控告等手段来实现,因而它通常不具有法律的权威性。

2. 企业安全管理制度

在我国,企业必须建立以安全生产责任制为核心的安全管理制度。根据"五项制度"的要求,企业必须建立安全生产责任制度、安全生产教育制度、安全生产检查制度、安全技术措施计划以及伤亡事故报告和处理制度,它们构成了我国企业安全管理基本制度,称为"五项制度"。在此基础上,国家又制定了建设项目安全审查制度。

(1) 安全生产责任制度

安全生产责任制度规定各级领导应对本单位安全生产负总的领导责任,以及各级工程技术人员、职能科室和生产工人在各自的职责范围内,对安全生产应担负的责任。

安全生产责任制度根据"管生产必须管安全"的原则,对企业各级领导和各类人员明确地规定了在安全生产中应负的责任。它是企业岗位责任制度的重要组成部分,是企业中一项最基本的安全生产制度,是安全管理制度的核心。

我国企业实行以"一把手"负责制为核心的安全生产责任制。企业法人代表对整个企业的安全生产负责,各部门、单位的"一把手"对自己管辖部门、单位的安全生产负责。他们的任务是贯彻执行国家有关安全生产的法令、制度和保证管辖范围内职工的安全和健康。在管理生产、经营的同时,必须负责管理安全工作,做到"五同时",即在计划、布置、检查、总结、评比生产的同时计划、布置、检查、总结、评比事故预防工作,并在明确了"一把手"的安全生产责任的基础上,规定各级人员的安全生产责任。

(2)安全生产教育制度

安全生产教育制度是对企业各类人员进行安全生产教育的制度。它包括"三级教育"、特种作业人员的专门训练、经常性的安全教育等内容。

"三级教育"制度是厂矿企业必须坚持的基本安全教育制度和主要形式。所谓"三级教育",是指对新工人、参加生产实习的人员、参加生产劳动的学生和新调到本厂工作的工人集中一段时间,连续进行入厂教育、车间教育和岗位教育三个级别的安全教育。

对操作者本人,尤其对他人和周围设施的安全有重大危害的作业,称为特种作业。直接从事特种作业者,称为特种作业人员。特种作业范围包括电工作业、锅炉司炉作业、压力容器操作、起重机械作业、爆破作业、金属焊接(气割)作业、煤矿井下瓦斯检验、机动车辆驾驶、机动船舶驾驶和轮机操作、建筑登高架设作业,以及符合特种作业基本定义的其他作业。车辆段特种作业施工如图2-4所示。对从事特种作业的人员,要进行专门的安全技术和操作知识的教育和训练,经过国家有关部门考核合格后,发给"特种作业人员操作证"。特种作业人员在进行作业时,必须随身携带"特种作业人员操作证"。

a)   b)

图2-4 车辆段特种作业施工

企业应进行经常性安全生产教育,建立安全活动日和在班前班后会上布置、检查安全生产情况等制度,对职工经常进行安全教育,并且注意结合职工文化生活,进行各种安全生产的宣传活动。在采用新的生产方法,增添新的技术、设备,制造新的产品或调换工人工作的时候,要对工人进行新操作法和新工作岗位的安全教育。企业的经常性安全教育可按下列形式进行:

①在每天的班前班会上说明安全注意事项,讲评安全生产情况。

②建立安全活动日,进行安全教育、安全检查、安全装置维护。

③召开安全生产会议,执行专题计划,布置、检查、总结、评比安全生产工作。

④召开事故现场会,分析造成事故的原因及其教训,确认事故的责任者,制定防止事故重复发生的措施。

⑤总结发生事故的规律,有针对性地进行安全教育。

⑥组织工人参加安全技术交流,观看安全生产展览、电影、电视等;张贴安全生产宣传画、宣传标语等,时刻提醒人们注意安全。

(3) 安全生产检查制度

安全生产检查是安全生产管理工作的一项重要内容,是多年来从生产实践中创造出来的一种好形式;是安全生产工作中运用群众路线的方法,发现不安全状态和不安全行为的有效途径;是消除不安全因素、落实整改措施、改善劳动条件、防止事故的重要手段。

企业要制定安全生产检查制度,除进行经常的检查外,每年还应该定期地进行 2~4 次群众性的检查。这些检查包括普遍检查、专业检查和季节性检查,或者把这几种检查结合起来进行。

开展安全生产检查,必须有明确的目的、要求和具体计划,并建立由企业领导负责、有关人员参加的安全生产检查组织,以加强领导,做好这项工作。安全生产检查应该始终贯彻"领导与群众相结合"的原则,依靠群众,边检查、边改进,并及时地总结和推广先进经验;有些限于物质技术条件当时不能解决的问题,也应制订计划,按期解决。

(4) 安全技术措施计划

安全技术措施计划是企业计划的重要组成部分,是有计划地改善劳动条件的重要手段,也是做好安全生产工作,预防工伤事故和职业病的重要措施。

企业在编制生产技术、财务计划的同时,必须编制安全技术措施计划。企业领导应对安全技术措施计划的编制和贯彻执行负责。通过编制和实施安全技术措施计划,可以把改善劳动条件工作纳入企业的生产经营计划中,有计划、有步骤地解决企业中一些重大安全技术问题,使企业劳动条件的改善逐步走向计划化和制度化。把安全技术措施中所需要的费用、设备、器材以及设计、施工力量等纳入计划,就可以统筹安排、合理使用,使企业在改善劳动条件方面的投资发挥最大的作用。

编制安全技术措施计划的主要依据:国家安全生产政策、法规,安全检查中发现的问题,职工提出的安全生产方面的建议,针对事故发生的主要原因所采取的措施,以及采用新技术、新工艺、新设备等应采取的安全措施。安全技术措施计划的范围包括以改善劳动条件、预防伤亡事故和职业病为目的的一切技术措施,大体分为下列六个方面:

①安全技术措施。以预防事故为目的的各种技术措施,如防护、保险、信号等装置或设施。

②工业卫生技术措施。以改善作业环境和劳动条件,防止职业中毒和职业病为目的的各种技术措施,如防尘、防毒、防噪声及通风、降温、防寒等。

③辅助房屋及设施。确保生产过程中职工安全卫生方面所必需的房屋及一切设施,如淋浴室、更衣室、消毒室、妇女卫生室、休息室等。但集体福利设施,如公共食堂、浴室、托儿

所、疗养所等不在其内。

④宣传教育。购买和印刷安全教材、书报、录像、电影、仪器，举办安全技术训练班、安全技术展览会以及建立安全教育室。

⑤安全科学研究与试验设备仪器。

⑥减轻劳动强度等其他技术措施。

(5) 伤亡事故报告和处理制度

根据《企业职工伤亡事故报告和处理规定》要求，伤亡事故发生后负伤者或事故现场有关人员应当立即直接或逐级报告企业负责人。企业负责人接到重伤、死亡、重大死亡事故报告后，应当立即报告企业主管部门和企业所在地安全部门、公安部门、人民检察院、工会。企业主管部门和安全部门接到死亡、重大死亡事故后，应当立即按系统逐级上报，死亡事故报至省、自治区、直辖市企业主管部门和劳动部门。发生死亡、重大死亡事故的企业应当保护事故现场，并迅速采取必要措施抢救人员和财产，防止事故扩大。

轻伤、重伤事故由企业负责人或其指定人员组织生产、技术、安全等有关人员以及工会成员参加的调查组进行调查。死亡事故由企业主管部门会同企业所在地设区的市(或者相当于设区的市一级)安全部门、公安部门、工会组成调查组进行调查。重大死亡事故则按照企业的隶属关系由省、自治区、直辖市企业主管部门或国务院有关主管部门会同安全部门、公安部门、工会组成事故调查组进行调查。

事故调查组成员应当具有事故调查所需的某一方面专长，并与所发生的事故没有直接利害关系。死亡事故或重大死亡事故的事故调查组应当邀请人民检察院派人员参与，也可以邀请其他部门有关人员和有关专家参与。

事故调查组的职责：查明事故发生的原因、过程和人员伤亡、经济损失情况；确定事故责任者；提出事故处理意见和防范措施的建议；写事故调查报告。

在整理和阅读调查材料的基础上，首先，进行事故的伤害分析；然后，分析和确定事故的直接原因和间接原因；最后，进行事故的责任分析，确定事故的责任者。

在处理伤亡事故时要坚持"四不放过"的原则，即事故原因分析不清不放过，事故责任者和群众没有受到教育不放过，没有制定出防范措施不放过，事故责任者没受到处理不放过。事故处理结束后，应当把事故资料归档。事故档案是企业技术档案的一个组成部分。事故档案建立后，应送企业技术档案室编号归档。

(6) 建设项目安全审查制度

建设项目的安全审查包括由可行性研究报告开始到初步设计、施工直至竣工验收的全过程的审查。我国境内的新建、改建、扩建的基本建设项目(工程)、技术改造项目(工程)和引进的建设项目(工程)的安全设施必须符合国家规定的标准，必须与主体工程同时设计、同时施工、同时投产使用。习惯上，把建设项目安全审查称为"三同时"审查。做好建设项目的安全审查工作，是管理部门、设计部门、监督检查部门和建设单位的共同责任，也是广大工程技术人员、安全专业工作者的重要使命。

借助设计消除和控制事故危险性是安全工程的重要组成部分和原则，也是安全审查的重点。安全审查包含着对建设项目安全性的分析、评价、监督和检查。实施安全审查就是运用科学技术原理、技术知识和标准识别消除或控制不安全因素,保证从早期的设计阶段就把事故危险性降到最低的程度。

①对可行性研究报告的审查。对可行性研究报告的审查是根据国民经济发展近期和远期规划、地区规划、行业规划的要求,对工程项目的安全技术、工程等方面进行多方案综合分析论证。它主要包括技术先进性、经济合理性、生产可行性、各种指标的定性与定量的初步分析等,以确定建设项目的安全措施方案是否可行。

对可行性研究报告的审查以建设项目劳动安全预评价的方式进行。

②初步设计审查。初步设计审查是在可行性研究报告的基础上,根据有关标准、规范对《劳动安全卫生专篇》进行全面深入的分析,提出建设项目中劳动安全卫生方面的结论性意见。

初步设计中的《劳动安全卫生专篇》主要包括设计依据、工程概述、建筑及场地布置、生产过程中危险及危害因素的分析、安全设计中采用的主要防范措施、安全机构设置及人员配备情况、专用投资概算、建设项目安全预评价的主要结论、预期效果、存在的问题与建议等。

③竣工验收审查。竣工验收审查是按照《劳动安全卫生专篇》规定的内容和要求,对安全工程质量及其方案的实施进行全面系统的分析和审查,并对建设项目做出安全措施的效果评价。

四、城市轨道交通运营安全管理的组织机构和主要内容

1. 城市轨道交通运营安全管理的组织机构

为了保证安全法规的贯彻执行,加强安全的监督管理,必须设立安全管理机构。企业设立安全委员会,委员由企业领导和各部门经理组成,常设办公室在安全监察室。三大部(车务部、车辆部、维修工程部)设立安全领导小组、专职安全监察员,各车间、班组设有兼职安全员,如图2-5所示。

图2-5 城市轨道交通安全管理组织机构

2. 城市轨道交通运营安全管理的主要内容

城市轨道交通运营安全管理,涉及面很广,内容非常丰富,包括安全组织管理、安全法规管理、安全信息管理、安全技术管理、安全教育管理,及安全资金管理等,如图2-6所示。

(1)安全组织管理

安全组织管理是安全管理的实施主体,负责安全的组织领导、协调平衡、监督检查工作,

使运输企业安全管理体制有效地正常运转,保证安全目标的实现。其主要内容如下:

①安全计划管理。负责城市轨道交通运营安全的中、长期规划和近期计划的编制和组织实施,以及方针、目标和政策的制定与落实。

②安全行政管理。包括各级安全管理机构的设置和职责划分,安全工作组织领导的原则和方法的确定,以及保证职工安全生产的组织手段,后者包括:

a. 安全劳动管理。对直接制约城市轨道交通运营安全的关键因素(如人员配备与组合、定员与班制、劳动定额和分配关系等)进行合理的规定与协调。

b. 职工生活管理。为保证职工以饱满的热情和旺盛的精力投入安全生产,在职工物质生活、精神生活和医疗卫生等方面做出妥善的安排。

图2-6　城市轨道交通运营安全管理的主要内容

c. 安全行为管理。主要是运用各种安全管理手段对个人行为、群体行为、管理行为及人际关系进行激励、约束和协调。

(2)安全法规管理

安全法规管理的任务是严格遵循国家有关城市轨道交通运营安全的法律、法规等条文规定,对各种运输规章制度和作业标准进行研究、制订、修改、完善、贯彻和落实,使城市轨道交通运营安全管理工作做到有法可依,有章可循,违法必究,违章必查。其主要工作包括以下两项:

①建立健全工作。安全法规要在尊重实践、尊重科学的基础上,通过建立、修订、补充,逐步形成相对稳定、协调一致、切实可行的规章制度和作业标准体系。

②增加废止工作。技术条件和作业环境的变化,必然对城市轨道交通运营安全规章制度和作业标准的针对性、有效性和规范性提出新的要求,在原有基础上,应及时增加运输生产急需的规章规定和废止不适用的规章制度。

(3)安全信息管理

安全信息一般是指在运营生产过程中,对一切有利于安全生产的指令和系统安全状态的描述或反映。安全信息既是安全管理的对象,又是安全管理的重要支持。安全信息包括:

①安全指令信息。安全指令信息指各种城市轨道交通运营安全法规和安全方针、政策、目标、计划和措施等。

②安全动态信息。安全动态信息指在完成运营任务,执行指令信息过程中的正面和负面效应的反映。

③安全反馈信息。从执行指令信息结果获得,能反馈用来调整和控制安全生产的信息。

④其他安全信息。例如,安全科学技术和管理信息等。

从某种意义上说,城市轨道交通运营安全管理就是准确、及时、经济地收集、加工、传递、存储、检索、输出一切对城市轨道交通运营安全有用、有利的信息管理,并用城市轨道交通运营安全所需的安全指令信息、安全动态信息、安全反馈信息和其他先进的安全科技和管理信息,精心指挥、精心组织、精心管理运输生产,不断开创城市轨道交通运营安全生产的新局面。为此,就要有严密的组织和先进的手段加以保证,如建立健全各种信息中心和网络,并广泛应用电子计算机和各种先进的信息处理技术。

(4) 安全技术管理

技术,除泛指操作技能外,广义地讲,它还包括相应的生产工具和其他物资设备,以及生产工艺过程或作业程序、方法。安全技术管理的任务是正确执行国家有关技术政策、标准、规程和铁路主要技术政策,为城市轨道交通运营安全提供可靠的技术依据和技术措施;充分发挥科技是第一生产力的作用,不断吸收现代科技先进成果,促进城市轨道交通运营安全管理科技含量的日益提高。由此可见,城市轨道交通运营安全技术管理包括对城市轨道交通运营安全硬技术设备的维护与管理和对城市轨道交通运营安全软技术的开发与应用。

①城市轨道交通运营安全硬技术设备的维护与管理,是指对运输基础设施和安全技术设备的研制、试验、引进、装配、维护和安全质量管理等。

②城市轨道交通运营安全软技术的开发与应用,包括与城市轨道交通运营安全有关的各种操作办法、管理方法,城市轨道交通运营安全管理基础理论及安全科学理论的研究与应用。

(5) 安全教育管理

为了实现城市轨道交通运营安全,必须通过各种形式和方法,对广大干部和职工进行经常性的安全教育,其内容主要包括:

①安全思想教育。思想教育是安全教育的重点所在,内容包括安全生产方针、政策、重要意义;劳动纪律、作业纪律;各项规章制度和典型事故案例教育等。通过正反两方面的教育,使基层作业人员和各级管理人员牢固树立"安全第一"的思想,强化"预防为主"的意识,正确处理好安全与效率、效益的关系。

②安全知识教育。安全知识教育包括安全生产技术知识和安全管理知识教育,目的是解决应知的问题。前者包括运输生产特点、安全特性、设备性能、各部门作业方法及规范要求、事故成因及预防等;后者主要是针对安全管理人员而进行的安全教育,内容包括城市轨道交通运营安全管理体制和各部门安全管理体系的构成与运作、事故预测和预防;系统安全评价的基本原理和方法;人机工程学、安全心理学、行为科学等有关知识与应用。

③安全技能教育。安全技能教育是通过对作业人员进行长期、反复训练及本人实践,把所学到的安全知识转化为动手能力的过程,主要是解决应会的问题。其内容包括岗位熟练操作、防止误操作和处理异常情况的技术、知识和能力。

④事故应急处理教育。它一般应包括事故应急处理知识教育、自我保护和自救互援教育、事故现场保护方法教育和事故应急处理演习等。通过上述教育,能有效地防止事故损失扩大,为清理事故现场和迅速恢复正常运输秩序创造有利条件。

此外,城市轨道交通运营安全是一项全员参与的活动,对各种城市轨道交通运营参与者进行的城市轨道交通运营安全知识、城市轨道交通运营安全常识及安全法治宣传、教育也是安全教育管理的重要内容,应与地方政府配合进行。

(6) 安全资金管理

要做好城市轨道交通运营安全工作,必须有相应的安全资金保证。安全资金管理包括对保证城市轨道交通运营安全所需资金的筹集、调拨、使用、结算、分配等,并进行安全投资的经济评价与经济分析,实行财务监督等。

单元2.2 城市轨道交通人员安全管理

一、人员心理的管理

1. 心理现象与城市轨道交通运营安全的关系

在人-机-环境系统中,人的心理现象及其规律性与城市轨道交通运营安全密切相关,因此,研究和揭示运输生产过程中人的心理现象及其规律性,已越来越受到国内外城市轨道交通运营安全管理部门和专家、学者的高度重视。

按照心理学原理,心理现象是人的大脑对客观现实的反映,包括心理过程和个性心理特征两个既互相联系又相互制约的方面,且各自都包含一些复杂的心理要素和具体表现形式。影响城市轨道交通运营安全的心理要素主要有感觉、知觉、记忆、思维、注意、情绪、能力、疲劳、需要、动机、意识、气质和性格等。

在运输生产活动中,人的操作过程主要有三个环节,即辨认接收信息、操纵控制设备、观察调整运作,所有这些行为均受心理现象影响。当人的心理现象处于积极状态时,感知快速,思维敏捷,动作可靠,能保证系统正常运转;反之,人的感知觉、思维和反应机能就不能正常发挥,差错增多,导致事故发生的可能性就很大。因此,积极的心理现象是保证城市轨道交通运营安全的内在依据,消极的心理现象及由此产生的侥幸、麻痹、惰性、烦闷、自满和好奇等心理倾向,是人的差错(如辨认不清、主观臆测、理解不当、判断失误等)引发事故的深层次原因。人的心理现象状态及其转变程度,成为运输生产中事故与安全相互转化的制约因素,城市轨道交通运营安全的心理保障关键在于采取各种有效的手段和措施以提高人的心理素质。

2. 心理要素与城市轨道交通运营安全

(1)感觉和知觉与城市轨道交通运营安全

感觉是人通过感觉器官对客观事物个别属性的直接反映。知觉是客观事物的各种表面现象和诸多属性通过人的各种感官在大脑中的综合反映。知觉不仅依赖现实的感觉,而且依赖于以往感觉经验的积累。感觉和知觉二者密不可分,通常将这两种心理现象称为感知或感知觉。

在运输生产过程中,有些事故是由于人的感知觉发生错误(如误认信号、误听或误传命令等)而造成的。引起错觉的原因很复杂,既有心理因素,也有心理因素和生理因素。错觉现象也很多,其中,视觉错误对城市轨道交通运营安全的影响较大。

(2)记忆和思维与城市轨道交通运营安全

记忆是人脑对所经历过的人和事的识记、保持和重现。思维是大脑在感知和记忆的基础上,对客观信息进行分析、综合、判断和推理的心理过程。例如,在运输工作中,运输指挥人员忘记将计划变更内容及时、准确地通知作业人员,或者因情况变化,不能立即分析或判断,采取对策,就会因贻误时机而直接危及城市轨道交通运营安全。

记忆和思维是城市轨道交通员工重要的心理要素,没有较好的记忆能力,就不能很好地按章办事,执行计划;没有较强的思维能力就难以对非正常情况下的各种作业进行妥善处理。

(3) 注意与城市轨道交通运营安全

注意是一种心理活动状态,按其作用或功能分为三种情况:一是注意力集中,即把心理活动重点指向特定对象,对其他无关的心理活动进行抑制,不因无关刺激源的干扰而分散精力;二是注意分配,即在同时进行两种及其以上活动时,把注意有目的地指向不同对象;三是注意转移,即根据活动需要,主动有序地把注意从一个对象转移到另一个对象上。

注意是保证城市轨道交通运营安全的基本心理条件。任何一项工作都是由多个作业环节组成的,如果作业人员的注意不集中,或者过分集中而不能及时转移,或者注意分配不当等,都有可能导致运输事故发生。

(4) 情绪与城市轨道交通运营安全

情绪是人对客观事物是否满足自身需要,或者是否符合自己的愿望和观点而表现出来的肯定(如满意、愉快、高兴等)或否定(如不满、不快、憎恨等)的态度体验。按其程度不同,情绪可分为心境、激情和热情三种状态。其中,心境是一种比较平静而持久的情感体验;激情是一种迅速、强烈爆发出的短暂情感状态;热情是属于富有理性、稳定而深厚的情感表现。情绪和情感状态有积极和消极之分,良好的情绪和情感是保证城市轨道交通运营安全的充分必要条件;而情绪不稳、心境不佳则是发生事故的重要原因。

(5) 气质和性格与城市轨道交通运营安全

气质系指人的心理过程在强度、速度、灵活性和稳定性等方面的心理动力特征;性格是人对周围人和事的稳定态度和行为方式的心理特征。二者互相渗透、相互影响。

因为气质和性格的外在表现都是围绕着"做什么"(表现为对现实的态度)和"怎样做"(表现为行为方式)展开的,所以,从事运输生产人员的气质和性格对城市轨道交通运营安全直接相关。良好的气质和性格是作业人员实现自控的心理保证。而气质较差、性格有缺陷的职工,因客观存在的心理障碍而导致自控能力较差的问题,应通过各种安全管理手段促使矛盾向有利于安全的方面转化。

(6) 能力与城市轨道交通运营安全

能力是完成某种活动所必需的并直接影响活动效率的身心发展基本品质,是个性心理的重要特征之一。能力可分为一般能力和特殊能力。观察力、记忆力、注意力、思维能力和想象力等属于一般能力范畴,其适用范围广泛,为人们认识客观事物,掌握科学文化知识提供了智力保证。诸如色彩鉴别力、音响辨别力、图像识别力等均系特殊能力,只能在特定范围和条件下发生作用。例如,在列车技术作业过程中,列检所车辆检修人员通过锤敲耳听就能探测出车辆部件或零件的故障或隐患所在,这就是一种特殊能力。运输职工能力强弱直接关系到运输生产的安危,如细心观察、牢靠记忆、沉着应变、敏捷思维、准确判断及清楚表达等能力是广大职工安全高效地完成运输生产任务的重要保证;反之,观察不细、记忆不好、判断不准、表达不清和反应迟缓等,就会使运输事故发生的可能性增加。

(7) 疲劳与城市轨道交通运营安全

疲劳是人在连续工作一定时间后，体力和精力消耗超过正常限度所出现的生理、心理机能衰退的现象，其表现包括：生理机能下降，肌肉酸痛，身体困乏，头痛头晕，视觉模糊，呼吸急促，心率加快，血压升高等；心理机能下降，注意力分散，感知觉失调，记忆和思维减退，反应迟缓等。疲劳在生理上"不能再干下去"和心理上"不想再干下去"的综合影响，轻则使工作效率降低，重则因判断失误或操作不当而导致事故发生。

(8) 需要和动机与城市轨道交通运营安全

需要是人为了生存发展而产生的生理需求和对社会的需求在大脑中的反映；动机是人由于某种需要或愿望而引起的一种心理活动，是激励人们以行为达到目的的内因和动力。按照心理学揭示的一般规律，需要产生动机，动机支配行为。

人对安全的需要是马斯洛"需要层次理论"的重要组成部分。来自安全需要的安全动机有两方面的含义：一方面是保护自身不受伤害的动机；另一方面是保护他人、财产和设备等不被伤害和损坏的动机。前者是人的本能，一般情况下人不可能做出有意伤害自身的事情，这种自卫的动机基本上不需要培养和激励，但应经常予以告诫和提醒。而后者涉及他人、集体和国家的利益，需要加强培养和激励。

人的安全行为是在一定条件下，受安全动机指使的主观努力的结果，城市轨道交通运营安全心理保障所要研究解决的核心问题，就是如何强化人的安全意识和动机，助长其遵章守纪、按标准化作业的安全行为，最大限度地减少其消极心态对安全生产的不良影响。

3. 城市轨道交通运营安全心理的保障条件

(1) 增强安全意识

意识是人对客观事物的认识、思维和需求等心理活动发展到高级阶段时的心理沉淀，人的意识来自实践，并在实践中得到发展。意识的自觉性和能动性，具有改变客观现实的作用。

牢固的安全意识是城市轨道交通运营安全的重要前提和保证，是广大干部和职工对城市轨道交通运营安全的认识、情感和态度发展到严于律己时的思维定式，是形成安全动机和行为的先决条件。增强个人安全意识可确保安全自控；增强群体安全意识可实现安全互控和联控。增强安全意识的主要途径如下：

①坚持正面教育。不断进行安全教育和定期培训，使广大职工正确认识并处理好安全与效率、效益的关系；安全与国家、集体、个人之间的关系；安全与自控、互控、联控之间的关系，使安全意识的能动性得到充分发挥。电客车司机培训如图2-7所示。

②强化三种安全管理意识。一是人本意识，人是安全生产中最富有主观能动性、创造性和积极性的要素；二是长远意识，警钟长鸣，长治久安是安全运输的根本所在，不得有半点松懈和麻痹；三是辩证意识，硬性制度、严格检查和加大奖惩力度是有必要的，但更需要在提高职工队伍综合素质及促进安全习惯行为的养成上下功夫。

③树立典型示范员工。通过树立典型示范员工，使班组成员学比有榜样，赶超有对象，牢固树立"安全生产光荣，违章违纪可耻"的观念，自觉地为安全生产多做贡献。

④利用从众心理。充分发挥班组优良作风和集体荣誉的作用，加大制度和纪律的约束力，增强群体一致向上的凝聚力，形成"'要我安全'变成'我要安全'"的氛围。

a) b)

图 2-7 电客车司机培训

(2) 激励安全动机

激励是指运用精神手段和物质手段去激发人的动机的心理过程。一个人有多种多样的动机,各种动机因强度不同,对人的行为所起的支配作用也不同,城市轨道交通运营安全管理必须通过强有力的激励措施,使安全动机在职工心理上占有主导地位。对安全生产进行激励的目的是通过激励引导职工的安全需要,强化安全动机,促成安全行为。在职工角色定位(如职责、任务等)和一定思想业务素质条件下,运用激励手段,鼓励他们忠于职守,努力工作,在安全生产上取得成绩,并获得应有的奖励,从而使他们在精神和物质上得到暂时的满足。如果因违章违纪造成事故损失,受到惩罚后应通过认真总结经验教训,避免事故再次发生。然而,不论是暂时满足还是吸取教训,都会使职工面对新的机遇和挑战,不断调整自己的行为。

随着经济和社会发展,激励的手段和方法呈多元化趋势,主要有奖励与惩罚、竞赛与升级、职工参加民主管理和对管理行为实施监督等。城市轨道交通运营安全生产的长期实践证明,竞赛与奖励相结合的方法是激励广大干部和职工提高安全生产积极性的有效途径。

应该指出的是,在激励安全动机的同时,还要注意遏制不安全的动机。例如,少数职工为图省事而简化作业程序,为逞强好胜而故意违章违纪,为逃避事故惩罚而推卸责任或隐瞒事故,等等。消除这些消极心态,对防患于未然是十分重要的。

(3) 提高技术业务能力

能力是一个人比较稳定的心理特征,与知识、技能关系密切。知识是人类历史经验的总结和概括,对个人来说是学习的结果;技能是实际的操作技术,是训练的结果。知识和技能是人的能力形成的基础,并能促进能力的发展。为了提高职工的技术业务能力,必须坚持教育和实践。

① 持续开展全员业务知识、安全知识和安全技能教育,尤其要将新职工、班组长作为培训重点,强化非正常情况下的作业应变能力,进行系统超前培训,严格"先培训、后上岗"制度。

② 对职工教育应坚持"重现场需要、重实际操作、重实际成效"的原则,大力改进培训方式、方法。借鉴国际劳工组织推出的先进的模块式技能培训方式(MES法),结合实际,将城市轨道交通运营运输各业务工种的实际操作技能分解成单项模块式教学内容,进行组合式培训。电客车司机上岗证考试如图2-8所示。

图 2-8　电客车司机上岗证考试

③经常性地开展学标、对标、达标活动。本着干什么学什么的原则,组织各工种所有在岗职工按照作业标准,反复学、反复教、反复练,直到熟知、熟练为止。

(4)改善城市轨道交通运营安全环境

①城市轨道交通运营安全的工作环境。一定的工作环境会使人们产生一定的心理状态,而心理状态决定人们工作的竞技状态。良好的工作环境,能使人们以饱满的热情、充沛的精力投入安全生产。如果室温不宜、噪声严重超标、照明过亮或过暗,就会使人感到烦躁或因疲劳导致操作失误。因此,应根据人的感知、注意、记忆、思维、反应能力在不同环境因素下的变化规律,对不同作业场所的照明、色彩、温度、湿度、粉尘、布局等,从对人的心理产生积极影响的效果出发进行设计和安排。

②城市轨道交通运营安全的内部社会环境。在运输生产过程中,除了人与自然的关系即工作环境外,还有人与人之间的关系或称人际关系,即运输系统内部的社会环境问题。不同的人际关系会引起不同的情绪体验,产生不同的安全生产效果。融洽的人际关系,良好的内部社会环境是保证城市轨道交通运营安全的重要条件。除与职工个人修养有直接关系外,它主要还取决于领导的管理行为所营造的宽松环境。

在运输生产过程中,各级组织对安全工作的领导必须坚持严字当头、严格要求、严肃管理,但同时要正确处理好人与人之间的关系,包括领导、干部与职工之间的关系。协调干群关系的关键在于要树立廉洁奉公的干部形象,切实转变干部作风,重点解决好作风不实、工作飘浮、官僚主义、形式主义和好人主义等的问题,真心实意地关心职工生活,满腔热情地体察职工的思想、情感和困难,尽最大努力满足职工多层次的需要,帮助他们解除后顾之忧,使广大职工身体健壮、精力充沛、情绪饱满地投身到运输生产中去。

二、团队合作

1. 团队合作的意义

在现代的城市轨道交通运营管理中,团队合作是十分重要的问题。良好的团队合作对组织的每个成员都有激励和约束作用。在城市轨道交通运营运输的各个系统中,都要求团队发挥整体的工作效能,由此形成了各种作业"班组"的概念。城市轨道交通运营运输系统变得越来越复杂,自动化程度越来越高,分工越来越细,反过来抑制了团队工作和信息交流。城市轨道交通运营作业本身涉及多方面的知识和技能。例如,在航空运输中,完成起落架维修可能涉及多个专业,包括液压、电气和装配技能,班组正是适应这种要求建立的。一个作业班组(如航空器维修班组)具有为完成某个工作目标包含的大量任务所必需的各种技能,小组成员间需要不断相互支持和进行信息沟通,从而激发思考能力和创新能力。通常在小组成员间还存在一定的竞争以获得领导地位,这可成为改善小组表现的积极动力。在团队合作中,强调信息沟通、领导能力、判断和决策以及应急管理等,这对改善工作质量,调动小组成员的主观能动性、积极性和创造性,使他们认识到工作的重要性和价值,并参与决策,想方设法地完成工作等方面具有重要的作用。

2. 班组资源管理

(1)班组(图2-9)成员的搭配

人是万物之灵,有千差万别。任何两名工作人员,无论个人性格、工作经验、业务技能、调配习惯、工作作风都是不尽相同的。每名工作人员都有自身的优点,也有各自的缺点。在工作实践中发现,好的班组能分工合作、协调配合、相互提醒、相互弥补,从而使班组形成多层次安全防护系统;而不好的班组互相冲突、互相制约,即使每个小组成员都极其优秀,班组依然十分脆弱。加强对班组成员的合理搭配,可从以下几个方面入手:

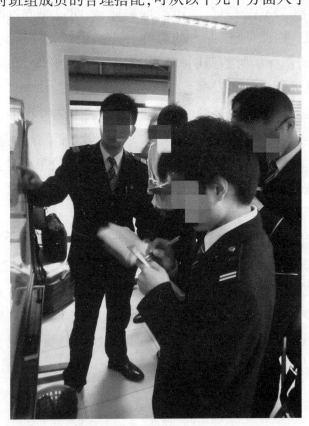

图2-9 轨道交通乘务班组

①性格互补。每名工作人员都有自己不同的个性,气质不同,性格也不同。有的性格粗犷,有的温和雅致;有的内向,有的外向;有的急躁冲动、性情激烈;有的处事冷静、不温不火。假如班组成员都是急性子、躁脾气,必然很难相处;同样,班组成员都性格内向,则很难沟通,

久而久之势必难以配合。在班组中,各成员的性格会相互作用,相互影响,有的相互促进,有的相互妨碍,互补搭配应是一种较好的配置。

②能力互补。不同的人员在能力上有各自的特点。有的理论知识扎实,有的特殊情况处置经验丰富。建立一个智能互补型的班组,有利于人员之间的知识互用,优势能力互补,扬长避短,有利于整个班组发挥整体效能。

③能形成团结的班组气氛。两名工作人员在生活中有了矛盾,在矛盾化解之前,如果安排他们搭配工作,结果势必是 $1+1<1$。也就是说,对班组成员的搭配,必须事先进行调查分析,了解人员之间的人际关系,考虑到人员搭配在一起是互相猜测、挑剔、妒忌、怨恨、拆台,还是互相帮助、体贴、关心,能否形成和谐、融洽、宽松、团结、谦和的工作环境。

④年龄、性别互补。年龄、性别不同的成员,不仅身体状况、心理状况、工作资历、人生经历不同,而且智力、体力、能力、作用也不一样。而同一年龄段、同一性别的人员又常常表现出相同的特点。班组的组建以老、中、青相互搭配的年龄结构比较理想。

⑤职位、资历、能力成梯度搭配。就职位、资历、能力而言,有的人员高,有的人员低。当高者与低者落差相当大时,即使高者的指令不当,低者慑于高者的威望,一般不敢提出自己的主张,达不到交叉监视和检查的目的。而低者在指挥过程中,往往畏畏缩缩,没有自信心,时刻担心出错,心理压力很大。过于平坦的搭配,有可能互相挑剔,谁也不服谁,产生逆反心理,反其道而行之。不合理的梯度使工作人员产生微妙的心理效应,干扰班组成员正常的交流协作;合理匹配梯度可使工作人员之间有一定的梯度,但不能过于陡峭或平坦,班组长应是资历和能力综合素质的最高者。

(2)班组资源的实施

班组资源管理体现了集体的智慧和力量。避免和减少人员差错最有效的办法就是组建协调、默契的班组。虽然个人会犯错误,但集体的力量、团队和班组的行为可以弥补个人的失误,班组资源的优点在于 $1+1>2$。

职工的个人素质既是城市轨道交通运营安全管理的基础,也是班组资源的基础。班组的建设和班组资源是降低城市轨道交通运营事故率和保证安全的关键。不同的职工,其知识和技能不尽相同,且对信息的获取及情况的判断难免有偏差失误,长时间的工作难免有疏漏,处置特殊情况也难免顾此失彼。只有班组分工合作、协调配合、相互提醒、取长补短、相互弥补,才能发挥班组整体强有力的安全堡垒作用。所以安全系于班组整体,而不是个别成员。

加强班组资源管理,首先必须明确,班组成员之间保证安全的责任完全相同,发生城市轨道交通运营事故、差错时承担的责任完全相同,立功受奖人人相同。只有这种责任共担的制度才能消除各人管各人的现象,才能保证班组成员之间形成既有分工又有合作的局面。

沟通是班组成员之间的交流和联络,也是配合协作的先决条件。沟通对于班组无异于血液循环对于生命有机体,沟通能确保班组成员获得的信息得到共享,增进合作。沟通应注意时效问题(例如,铁路行车调度指挥等工作具有较强的时效性),信息的发出一定要及时,并与对方接收的信息在内容上完全一致。如果不能达到正确的理解,则意味着信息沟通发生了障碍。工作人员之间的沟通包括态度、情感、思想、观念、意图的交流。电客车司机班前沟通准备如图2-10所示。

图2-10　电客车司机班前沟通准备

①切忌固执己见。城市轨道交通运营管理工作虽然有分工,但目标是一致的,即保证城市轨道交通运营安全。必须明确在具体城市轨道交通运营管理工作中,有的人员不愿意接纳他人正确的意见,不仅会造成管理失误,还会影响班组的团结。

②大胆地陈述自己的观点和疑问。在城市轨道交通运营管理过程中,当我们对城市轨道交通运营动态和组员的调配存在疑问或有好的建议时,应坦诚、公开、及时地提出来,供大家商讨和参考。

③先接受补救措施,再追究个人失误原因。对于其他人员提出的安全隐患、事故苗头,主管应无条件、不带半点情绪和侥幸心理、立刻做出反应,挽回局面,至于查找个人失误原因则在其次。

④不过分干涉组员力所能及的工作,多建议,少命令和指责。鼓励组员公开讲明自己的意图,形成透明的工作环境,以便于组内监督和配合。

⑤无论是接受建议还是向他人建议,努力做到减少个人情感的参与。谁是正确的并不重要,重要的是要知道什么是正确的。

三、安全教育

1. 安全教育的意义

安全教育是事故预防与控制的重要手段之一。根据事故致因理论,要想控制事故须做到两点:一是通过技术手段(如报警装置等)、通过某种信息交流方式告知人们危险的存在或发生;二是要求人在感知到有关信息后,正确理解信息的意义,即何种危险会发生或已存在,该危险对人会有何种伤害,以及有无必要采取措施和应采取何种应对措施等。而上述过程中有关人员对信息的理解认识和反应的部分均是通过安全教育的手段实现的。

诚然,用安全技术手段消除或控制事故是解决安全问题的最佳选择。但在科学技术较为发达的今天,即使人们已经采取了较好的技术措施对事故进行预防和控制,人的行为仍要受到某种程度的制约。相对于用制度和法规对人的制约,安全教育是采用一种和缓的说服、诱导的方式,授人以改造、改善和控制危险的手段和指明通往安全稳定境界的途径,因而更容易为大多数人所接受,更能从根本上起到消除和控制事故的作用;而且通过接受安全教育,人们会逐渐提升安全素质,使得其在面对新环境、新条件时,仍有一定的保证安全的能力和手段。

所谓安全教育,实际上包含安全培训。安全教育是通过各种形式(包括学校的教育、媒体宣传、政策导向等),努力提高人的安全意识和素质,学会从安全的角度观察和理解要从事的活动和面临的形势,用安全的观点解释和处理自己遇到的新问题。安全教育主要是一种意识的培养,是长时期的甚至是贯穿于人的一生的,并在人的所有行为中体现出来,它与其所从事的职业并无直接关系。而安全培训虽然也包含有关教育的内容,但其内容相对于安全教育要具体得多,范围要小得多,主要是一种技能的培训。安全培训的主要目的是使人掌握在某种特定的作业或环境下正确并安全地完成其应完成的任务,故也有人称在生产领域的安全培训为安全生产教育。

安全教育的内容非常广泛,学校教育是最主要的教育途径。无论是小学、中学,还是大学,都应通过各种形式对学生进行安全意识的培养,包括组织活动、开设有关课程等。

在高等教育中,国外一般均采用两种方式进行安全教育:一种是培养安全专业人才的专业教育;另一种是对所有大学生的普及教育,包括开设辅修专业或选修、必修课程等,我国基本上也采用了这种模式。截至2022年,已有超过150所高等院校培养安全工程及相关专业的本科生,40余所院校招收硕士研究生,并通过函授进修等方式对在职安全技术干部进行教育培训,努力提高其安全素质和专业知识水平。另外,部分院校也采用开设选修课程等方式进行安全教育。但由于观念上的差异及学时、师资等方面的限制,高校中对非安全类专业学生的安全教育尚不完备,这也使得培养专业安全人才不足。实际上,这也成为近年来恶性事故频发、安全类诉讼急升的间接原因。

安全培训,又称安全生产教育,主要是指企业为提高职工安全技术水平和防范事故能力而进行的教育培训工作,也是企业安全管理的主要内容。它与消除事故隐患、创造良好的劳动条件相辅相成,二者缺一不可。电客车司机业务培训如图2-11所示。

图2-11 电客车司机业务培训

一方面,开展安全教育既是企业安全管理的需要,也是国家法律法规的要求。中华人民共和国成立至今,党和国家先后对安全教育工作做出了多次具体规定,颁布了多项法律、法规,明确提出要加强安全教育。同时,在重大事故调查过程中,是否对劳动者进行安全教育也是影响事故处理决策的主要因素之一。

另一方面,开展安全教育,是企业发展经济的需要,是适应企业人员结构变化的需要,是发展、弘扬企业安全文化的需要,是安全生产向广度和深度发展的需要,也是做好安全管理的基础性工作,掌握各种安全知识、避免职业危害的主要途径。

2. 安全教育的内容

安全教育的内容可概括为安全态度教育、安全知识教育和安全技能教育三个方面。

(1) 安全态度教育

要想增强人的安全意识,首先应使之对安全有一个正确的态度。安全态度教育包括两个方面,即思想教育和态度教育。其中,思想教育包括安全意识教育、安全生产方针政策教育和法纪教育。

①安全意识是人们在长期生产、生活等各项活动中逐渐形成的。由于人们实践活动经验的不同和自身素质的差异,对安全的认识程度不同,安全意识就会出现差别。安全意识的高低将直接影响安全效果。因此,在生产和社会活动中,通过实践活动加强对安全问题的认识并使其逐步深化,形成科学的安全观,这就是安全意识教育的主要目的。

②安全生产方针政策教育是指对企业的各级领导和广大职工进行党和政府有关安全生产的方针、政策的宣传教育。党和政府有关安全生产的方针、政策是为适应生产发展的需要,结合我国的具体情况而制定的,是安全生产先进经验的总结。不论是实施安全生产的技术措施还是组织措施,都是在贯彻安全生产的方针、政策。只有安全生产的方针、政策被各级领导和工人群众理解和掌握,并得到贯彻执行,安全生产才有保证。在此项教育中要特别认真开展的是"安全第一,预防为主"这一安全生产方针的教育。只有充分认识、深刻理解其含义,才能在实践中处理好安全与生产的关系。特别是安全与生产发生矛盾时,要首先解决好安全问题,切实地把安全工作提高到关系全局及稳定的高度来认识,把安全视作企业头等大事来抓,从而提高安全生产的责任感与自觉性。

③法纪教育的内容包括安全法规、安全规章制度、劳动纪律等。安全生产法律、法规是方针、政策的具体化和法治化。通过法纪教育,使人们懂得安全法规和安全规章制度是实践经验的总结,它们反映安全生产的客观规律;自觉地遵章守法,安全生产就有了基本保证。同时,通过法纪教育还要使人们懂得,法律带有强制的性质,如果违章违法,造成了严重的事故后果,就要受到法律的制裁。企业的安全规章制度和劳动纪律是劳动者进行共同劳动时必须遵守的规则和程序,遵守劳动纪律是劳动者的义务,也是国家法律对劳动者的基本要求。加强劳动纪律教育,不仅是提高企业管理水平、合理组织劳动、提高劳动生产率的主要保证,也是减少或避免伤亡事故和职业危害、保证安全生产的必要前提。据统计,我国因职工违反操作规程、不遵守劳动纪律而造成的工伤事故占事故总数的60%~70%。为此,全国总工会提出要贯彻"一遵二反三落实",即教育职工遵守劳动纪律;反对违章指挥、违章作业;监督与协助企业行政部门落实各级安全生产责任制,监督与协助企业行政部门落实预防伤亡事故的各种措施,组织落实"人人为安全生产和劳动保护做一件好事"活动。这些,对于加强劳动纪律教育,认真执行安全生产规章制度,确保安全生产具有重大意义。

(2) 安全知识教育

安全知识教育包括安全管理知识教育和安全技术知识教育。

①安全管理知识教育。

安全管理知识教育的内容包括对安全管理组织结构、管理体制、基本安全管理方法及安全心理学、安全人机工程学、系统安全工程等方面的知识。通过对这些知识的学习,可使各级领导和职工真正从理论到实践上认清事故是可以预防的;安全管理是科学的管理,是科学性与艺术性的高度结合。

②安全技术知识教育。

安全技术知识教育的主要内容包括一般生产技术知识、一般安全技术知识和城市轨道交通安全技术知识教育。

一般生产技术知识教育主要包括企业的基本生产概况,生产技术过程,作业方式或工艺流程,与生产过程和作业方法相适应的各种机器设备的性能和有关知识,工人在生产中积累的生产操作技能和经验及产品的构造、性能、质量和规格等。

一般安全技术知识是企业所有职工都必须具备的安全技术知识,主要包括企业内危险设备所在的区域及其安全防护的基本知识和注意事项、有关电气设备(动力及照明)的基本安全知识、起重机械和厂内运输的有关安全知识、生产中使用的有毒有害原材料或可能散发的有毒有害物质的安全防护基本知识、企业中一般消防制度和规划、个人防护用品的正确使用以及伤亡事故报告方法等。

城市轨道交通安全技术知识是指从事城市轨道交通企业某一岗位的职工必须具备的安全技术知识。城市轨道交通安全技术知识比较专业和深入,其中包括运营安全技术知识、安全卫生技术知识以及根据这些技术知识和经验制定的各种安全操作技术规程等。其内容涉及城市轨道交通运营的各个方面。

(3)安全技能教育

①安全技能培训和安全技能的形成。

仅有安全技术知识,并不等于能够安全地从事操作,还必须把安全技术知识变成进行安全操作的本领,才能取得预期的安全效果。要实现从"知道"过渡到"会做"的过程,需要借助于安全技能培训。

技能是人为了完成具有一定意义的任务,经过训练而获得的完善化、自动化的行为方式。技能达到一定的熟练程度,具有高度的自动化和精密的准确性,便称为技巧。技能是个人全部行为的组成部分,是行为自动化的一部分,是经过练习逐渐形成的。

安全技能培训包括正常作业的安全技能培训和异常情况处理的技能培训。

安全技能培训应按照标准化作业要求来进行,预先制定作业标准或异常情况时的处理标准,有计划、有步骤地进行培训。

安全技能的形成是有阶段性的,不同阶段显示出不同的特征。一般来说,安全技能的形成可以分为三个阶段,即掌握局部动作的阶段、初步掌握完整动作阶段、动作的协调和完善阶段。

在技能形成过程中,各个阶段的变化主要表现在行为结构的改变、行为速度和品质的提升及行为调节能力的增强三个方面。

行为结构的改变主要体现在动作技能的形成,表现为许多局部动作联系为完整的动作系统,动作之间的互相干扰以及多余动作的逐渐减少;智力技能的形成表现为智力活动的多个环节逐渐联系成一个整体,概念之间的混淆现象逐渐减少以至消失,内部趋于概括化和简单化,在解决问题时由开展性的推理转化为"简缩推理"。

行为速度和品质的提升主要体现在动作技能的形成,表现为动作速度的加快和动作的准确性、协调性、稳定性、灵活性的提高;智力技能的形成则表现为思维的敏捷性与灵活性、思维的广度与深度、思维的独立性等品质的提高。掌握新知识的速度和水平是智力技能的重要标志。

行为调节能力的增加主要体现为一般动作技能的形成,表现为视觉控制的减弱、动作控制的增强以及动作的紧张性的消失;智力技能则表现为智力活动的熟练化、大脑劳动的消耗减少等。

②安全技能培训计划。

在制订安全技能培训计划时,一般要考虑以下几个方面:

a. 要循序渐进。对于一些较困难、较复杂的技能,可以将其划分成若干简单的、局部的成分,有步骤地进行练习。在掌握了这些局部成分以后,再过渡到比较复杂的、完整的操作。

b. 正确掌握练习的速度和质量的要求。在开始练习的阶段可以要求慢一些,而对操作的准确性则要严格要求,使之打下一个良好的基础。随着练习的进展,要适当地增加速度,逐步提高效率。

c. 正确安排练习时间。一般来说,在开始阶段,每次练习的时间不宜过长,各次练习之间的间隔可以短一些。随着技能的掌握,可以适当地延长各次练习之间的间隔,每次练习的时间也可延长一些。

d. 练习方式要多样化。多样化的练习可以提高兴趣,促进练习者的积极性,保持高度的注意力。练习方式的多样化还可以培养人们灵活运用知识的技能。当然,方式过多、变化过于频繁也会导致相反的结果,即影响技能的形成。

在安全教育中,第一阶段应该进行安全知识教育,使操作者了解生产操作过程中潜在的危险因素及防范措施等,即解决"知"的问题;第二阶段为安全技能训练,掌握和提高熟练程度,即解决"会"的问题;第三阶段为安全态度教育,使操作者尽可能地使用安全技能。上述三个阶段相辅相成,缺一不可。只有将这三种教育有机地结合在一起,才能取得较好的安全教育效果。只有在思想上有了强烈的安全要求,又具备了必要的安全技术知识,掌握了熟练的安全操作技能,才能取得安全的结果,避免事故和伤害的发生。

3. 企业管理岗位和生产岗位的安全教育

按照教育的对象,可把安全教育分为对各级管理岗位的安全教育和对生产岗位职工的安全教育两大部分。

(1) 各级管理岗位的安全教育

管理人员安全教育是指对企业管理人员、工程技术人员的安全教育。

企业管理人员,特别是上层管理人员对企业的影响是重大的,他们既是企业的计划者、经营者、控制者,又是决策者。其管理水平的高低、安全意识的强弱、对国家安全生产方针政策理解的深浅、对安全生产的重视与否、对安全知识掌握得多少,都直接决定了企业的安全状态。因此,加强对管理人员的安全教育是十分必要的。为此,原劳动部于1990年颁发了《厂长、经理职业安全卫生管理资格认证规定》《厂长、经理职业安全卫生管理知识培训大纲》,对企业厂长、经理安全教育的内容、目标考核等做了详细的、法律性的规定。1995年,原劳动部颁发的《企业职工劳动安全卫生教育管理规定》,对各级管理人员的安全教育内容、教育时间及组织管理做了详细规定。上述三个法规使对管理人员的安全教育达到制度化和法治化。

①高层管理人员的安全教育。

本着"管生产必须管安全"的原则,高层管理人员是本单位安全生产的第一责任者,对本单位的安全生产负全面领导责任。高层管理人员的安全教育实行资格认证制度,只有通过相应劳动安全管理部门的培训,获得资格认证,才可以对本企业实施劳动安全卫生管理。高层管理人员取得安全管理资格证书后,每隔4年需进行一次培训考核,考核情况记入证书中。调动工作时,到新单位仍任高层管理职务者,应在到任10天内(遇有特殊情况最迟不超过30天),持发证部门的培训、考核、认证登记表到调入地区的考核发证部门验证。

高层管理人员劳动安全卫生管理知识培训目标:执行"安全第一,预防为主"的安全生产方针,熟悉国家政策、法规、标准,增强安全意识和法治观念,掌握劳动安全卫生基本知识,具有一定的管理本企业安全生产工作和安全决策的能力。

②一般管理人员的安全教育。

一般管理人员安全教育的培训要求如下:

a.熟悉国家安全生产的方针、政策、法规、制度及不执行上述内容应承担的责任。

b.懂得一般安全技术、工业卫生知识,并能针对本单位情况提出改进措施。

c.懂得怎样支持专、兼职技术安全人员做好安全生产工作。

d.明确本岗位安全生产责任。

③企业安全卫生管理人员的安全教育。

企业安全卫生管理人员的安全教育要求如下:

a.企业安全卫生管理人员必须经过安全教育并经考核合格后方能任职,安全教育时间不得少于120学时。

b.安全教育内容包括国家有关的劳动安全卫生方针政策、法律、法规和标准,企业安全生产管理、安全技术、劳动卫生、安全文化、工伤保险等方面的知识,职工伤亡事故和职业病统计报告及事故调查处理程序,有关事故案例及事故应急处理措施等。

④企业职能部门、车间负责人、工程技术人员的安全教育。

企业职能部门、车间负责人、工程技术人员的安全教育要求如下:

a.企业职能部门、车间负责人、工程技术人员的安全教育由企业安全卫生管理部门负责实施,安全教育时间不少于24学时。

b.安全教育内容包括劳动安全卫生法律、法规及本部门、本岗位安全生产职责,安全技术、劳动卫生和安全文化的知识,有关事故案例及事故应急处理措施等。

(2)生产岗位职工的安全教育

生产岗位职工的安全教育一般包括三级安全教育、特种作业人员安全教育、经常性安全教育、"五新"作业安全教育、复工及调岗安全教育等。

①三级安全教育。

三级安全教育制度是厂矿企业必须坚持的基本安全教育制度和主要构成。它包括厂级教育、车间教育和班组教育。教育时间不得少于40学时。

a. 厂级安全教育是指对新入厂的工人(包括到工厂参观、生产实习的人员和参加劳动的学生以及外单位调动工作来厂的工人)进行厂一级的安全教育,由企业主管厂长负责,企业安全卫生管理部门会同有关部门组织实施。厂级安全教育应包括劳动安全卫生法律法规、通用安全技术、劳动卫生和安全文化的基本知识、本企业劳动安全卫生规章制度及状况、劳动纪律和有关事故案例等项内容。

b. 车间教育是指新入厂或调动工作的工人被分配到车间后所进行的车间一级安全教育,由车间负责人组织实施。车间教育内容包括本车间劳动安全卫生状况和规章制度,主要危险、危害因素及注意事项,预防工伤事故和职业病的主要措施,典型事故案例,事故应急处理措施等项内容。

c. 班组安全教育是指新入厂或调动工作的工人到达生产班组之前所进行的安全教育。由班组长组织实施。班组安全教育内容应包括遵章守纪,岗位安全操作规程,岗位间工作衔接配合的安全卫生注意事项,典型事故案例,劳动防护用品的性能及正确使用方法等内容。

企业新职工应按规定通过"三级安全教育"并考核合格后方可上岗。考核情况要记录在案,6个月后一般还应进行复训教育,考试成绩要记录。

②特种作业人员安全教育。

特种作业是指容易发生人员伤亡事故,对操作者本人、他人及周围设施的安全有重大危害的作业。直接从事特种作业的人员为特种作业人员。

2015年5月国家安全监管总局修正了《特种作业人员安全技术培训考核管理规定》,该规定中指出特种作业范围由特种作业目录规定。

特种作业人员在独立上岗作业前,必须进行与本工种相适应的、专门的安全技术理论学习和实际操作训练。培训教材由省级安全监察部门统一指定。特种作业人员培训单位的资格需经地市级安全监察部门考核认可。特种作业人员的考核与发证工作,由特种作业所在单位负责按规定申报,地市级安全监察部门负责组织实施,安全监察部门对特种作业人员的安全技术考核与发证实施国家监察。取得"特种作业人员操作证"者,每两年进行一次复审;未按期复审或复审不合格者,其操作证自行失效。离开特种作业岗位1年以上的特种作业人员,须重新进行技术考核,合格者方可从事原工作。

③经常性安全教育。

由于企业的生产方法、环境、机械设备的使用状态及人的心理状态都处于变化之中,因此安全教育不可能一劳永逸。对于人来说,由于其大部分安全技术知识与技能均为短期记忆,必然随时间而衰减,因而必须开展经常性的安全教育,进一步强化人的安全意识与知识技能。经常性安全教育的形式多种多样,如班前班后会、安全活动月、安全会议、安全技术交流、安全水平考试、安全知识竞赛、安全演讲等。不论采取哪种形式都应该切实结合企业安全生产情况,有的放矢,以加强教育效果。

在安全教育中,安全思想、安全态度教育十分重要。进行安全思想、安全态度教育,要采取多种多样的形式,通过各种安全工作,激发职工进行安全生产的积极性,使全体职工重视和真正实现安全生产。在企业的安全工作中,一项重要内容就是开展各种安全活动,推动安全工作深入发展。安全活动是在企业广大职工群众中开展的、旨在促进安全生产的工作。这些安全活动最重要的作用就是提高职工的安全意识。

当开展某项安全活动取得了一定安全效果后,无论该项活动多么有效,如果把它作为最好的方法继续使用,就不会继续取得良好的效果。这是因为人们有适应外界刺激的倾向。尽管一项活动开始时对每个职工都有一定的刺激作用,但长期继续下去,人们对刺激的敏感性会降低,反应迟钝,直至最后刺激不起作用。当出现这种情况时,就应根据企业的安全状况,有目的地、间断地改变刺激方式,以新的刺激方式唤起人们对安全的关注。

④"五新"作业安全教育。

"五新"作业安全教育是指凡采用"五新"(新技术、新工艺、新材料、新产品、新设备)作业时,由于其未知因素多、变化较大,且根据变化分析的观点,与变化相关联的失误是导致事故的原因,因而"五新"作业中极可能潜藏着不为人知的危险性,并且操作者失误的可能性也要比通常进行的作业更大。因而,在作业前,应尽可能应用危险分析、风险评价等方法找出存在的危险,应用人机工程学等方法研究操作者失误的可能性和预防方法,并在试验研究的基础之上制定出安全操作规程,对操作者及有关人员进行专门的教育和培训,包括安全操作知识和技能培训及应急措施的应用等。这是"五新"作业安全教育的目的所在,也是我国安全工作者在几十年的工作实践中总结出的防止重大事故的有效方法之一。

⑤复工、调岗安全教育。

复工安全教育,是针对离开操作岗位较长时间的工人进行的安全教育。离岗1年以上重新上岗的工人,必须进行相应的车间级或班组级安全教育。

调岗安全教育,是指工人在本车间临时调动工种和调往其他单位临时帮助工作的,由接收单位进行所担任工种的安全教育。

4. 安全教育的方式

安全教育应利用各种教育形式和教育手段,以生动活泼的方式,来实现安全生产这一严肃的课题。

安全教育方式大体可分为以下七种:

①广告式,包括安全广告、标语、宣传画、标志、展览、黑板报等形式,它以精练的语言、醒目的方式,在醒目的地方展示,提醒人们注意安全和怎样才能安全。

②演讲式,包括教学、讲座的讲演、经验介绍、现身说法、演讲比赛等。这种教育形式可以是系统教学,也可以专题论证、讨论,用以丰富人们的安全知识,提高对安全生产的重视程度。

③会议讨论式,包括事故现场分析会、班前班后会、专题研讨会等,它以集体讨论的形式,使与会者在参与过程中进行自我教育。

④竞赛式,包括口头、笔头知识竞赛,安全、消防技能竞赛,以及其他各种安全教育活动评比等,它以激发人们学安全、懂安全、会安全的积极性,促进职工在竞赛活动中树立安全第一的思想,丰富安全知识,掌握安全技能。电话闭塞大演练如图2-12所示,电客车司机班前准备大演练如图2-13所示。

图 2-12 电话闭塞大演练

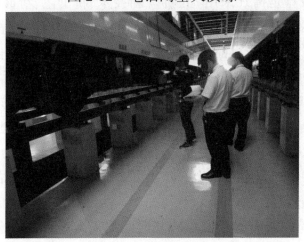

图 2-13 电客车司机班前准备大演练

⑤声像式,即用声像等现代艺术手段,使安全教育寓教于乐,主要有安全宣传广播、电影、电视、录像等。

⑥文艺演出式,即以安全为题材编写和演出的相声、小品、话剧等文艺演出的教育形式。

⑦学校正规教学,在国家或企业主办的大学、中专、技校,开办安全工程专业,或将安全教育穿插渗透于其他专业的安全课程。

5. 安全教育效果

在进行安全教育过程中,为提高安全教育效果,应注意以下五个方面。

(1) 领导者要重视安全教育

企业安全教育制度的建立、安全教育计划的制订、所需资金的保证及安全教育的责任均由企业领导者负责。因此,企业领导者对安全教育的重视程度决定了企业安全教育开展的广泛与深入程度,决定了安全教育的效果。

(2) 安全教育要注重效果

安全教育要想取得良好的效果,应注意以下四点:

①教育形式要多样化。安全教育形式要因地制宜、因人而异、灵活多样,采取符合人们的认识特点的、感兴趣的、易于接受的方法。

②教育内容要规范化。安全教育的教学大纲、教学计划、教学内容及教材要规范化,使受

教育者受到系统、全面的安全教育,避免由于任务紧张等原因在安全教育实施中走过场。

③教育要有针对性。要针对不同年龄、工种、作业时间、工作环境、季节、气候等进行预防性教育,及时掌握现场环境和设备状态及职工思想动态,分析事故苗头并及时有效地处理,避免问题累积扩大。

④充分调动职工积极性。应深入群众,了解工人所需、所想,并启发工人提出合理化建议,使之感到自己不仅是受教育者,而且在为安全教育的实施和完善做贡献,从而充分调动他们的积极性。

(3) 要重视初始印象对学习者的重要性

对学习者来说,初始获得的印象非常重要。如果最初留下的印象是正确的、深刻的,他将会牢牢记住,并时刻注意;如果最初的印象是错误的、不重要的,他也将会错下去,并对自己的错误行为不以为意。例如,在对刚入厂的新工人进行安全教育时,如果使他认为不仅操作规程重要,所有的安全技术措施、安全操作规程也同样重要,新工人对安全会非常重视;反之,如果教新工人学习操作技术,第一次教授的操作方法不正确,再让他改正就很困难。因此,必须严密组织安全技能培训和安全知识教育工作,为提高操作者安全素质奠定基础。

(4) 要注意巩固学习成果

多年的实践表明,进行安全教育不仅应注重学习效果,更应注重巩固学习所获得的成果,使学习的内容更好地为学习者所掌握,安全教育也是如此。因而,在安全教育工作中,应注意以下三个问题:

①要让学习者了解自己的学习成果。每一个人都愿意知道其所从事的工作收效如何,学习也是如此。因此,将学习者的进展、成果、成绩与不足告知他们,就会增强其信心,明确方向,有的放矢地,稳步地使自己各方面都得到改善。

此外,人在学习过程中有时会出现停滞时期,有些人往往在这时丧失勇气,使学习受到影响。如使其了解学习的成果和进步,同时说明出现这种情况在学习过程中是正常情况,也会起到鼓励人们树立信心、坚持学习的作用。

②实践是巩固学习成果的重要手段。当通过反复实践形成了使用安全操作方法的习惯之后,工作起来就会得心应手,安全意识也会逐步增强。

③以奖励促进、巩固学习效果。心理学家通过实验发现,对于学习效果的巩固,给予奖励比不用奖励效果好得多。对某个工人通过学习取得进步的奖励和表扬,不仅能够巩固其本人的学习效果,而且对其他人也会产生很大影响。

(5) 应与企业安全文化建设相结合

安全文化是企业文化的重要组成部分,它包含人的安全价值观和安全行为准则两方面内容。前者主要是安全意识、安全知识和安全道德以及企业的向心力和凝聚力,是安全文化的内层,是重要、基本的方面;后者则属于物质范畴,主要包括一些可见的规章制度以及物质设施。

企业安全文化主要体现在以下方面:

①高层次管理人员始终贯彻执行"安全第一,预防为主"的安全生产方针。

②指导和实施有效的政策和规章,确保实践活动的正确性。

③具有良好的行为规范、行为监督和信息反馈。

④具有畅通的上、下级关系和高尚、和谐的人际关系。
⑤工作人员普遍重视安全。
⑥具有良好的纪律和有效的奖惩制度。
⑦具有明确的授权界限、清晰的接口关系。
⑧具有严格的自检、自查制度。
⑨具有牢固的科学技术基础。
⑩具有严密的安全生产责任制度。
⑪具有强有力的资金保证制度。
⑫具有良好的职工生存和工作环境。
⑬具有科学的资料管理系统。

企业安全文化教育是通过强化职工安全意识,达到提升职工安全素质的目的。由此可见,安全文化教育是传播和建立工业文明、提升职工安全文化素质的重要途径,是建立良好企业安全文化氛围的重要手段。同时,企业安全文化氛围的建立,为进一步做好安全教育创造了条件。因此,在社会主义市场经济体制下倡导和建立企业安全文化既是企业安全生产的重要举措和科学方法,也是做好安全教育、保证安全教育取得良好效果的前提。

复习思考题

一、选择题

1. 安全管理的范畴包括(　　)和劳动保护两大方面。
   A. 安全生产　　　　B. 安全教育　　　　C. 安全法规　　　　D. 安全评价
2. 安全生产管理的基本对象是(　　)。
   A. 企业的员工　　　B. 设备设施　　　　C. 物料　　　　　　D. 环境

二、填空题

1. 安全生产方针可以概括为:_____,预防为主。
2. 在我国,企业必须建立以_____为核心的安全管理制度。
3. 我国实行"企业负责、行政管理、国家监察、_____"的安全管理体制。

三、判断题

1. 安全教育的内容包括安全法规教育、安全知识教育和安全技能教育。(　　)
2. 城市轨道交通运营必须把安全管理放在首要位置。(　　)
3. 安全生产五要素包括:安全文化、安全法治、安全责任、安全投入、安全科技。
(　　)

四、名词解释

安全生产:

五、简答题

1. 简述我国现行安全生产管理体制。
2. 安全管理的基本任务是什么?

模块 3
城市轨道交通危险源识别与控制

教学重点

1. 掌握危险源、危险源识别的概念;
2. 了解危险源的类别;
3. 熟悉危险源识别的方法;
4. 了解危险源识别范围及事故类型;
5. 了解城市轨道交通危险源控制方法;
6. 了解安全标志、安全色与安全线。

建议学时

10 学时

随着城市化进程的逐步加速,"十四五"期间城市轨道交通建设将迎来黄金发展期。为做好城市轨道交通运营服务工作,确保运营安全是城市轨道交通运营的职责。建立城市轨道交通运营危险源查找、识别、分析、评价、管控体系,消除影响城市轨道交通运营安全的各个危险源可能带来的不安全性,能够为城市轨道交通运营安全提供有力的保障。

 危险源识别

一、危险源的概念

1. 危险源

具有潜在危险性的物质与能量,并可能对人身、财产、环境造成危害的设备、设施或场所,即通常所指的危险源。从能量释放的角度来看,危险源可理解为,系统存在的、可能发生意外能量释放的危险物质。

2. 重大危险源

重大危险源是指长期或临时生产、加工、搬运、使用或储存危险物质,且危险物质的数量等于或超过临界量的单元。单元指一个(套)生产装置、设施或场所,或同属一个工厂的且边缘距离小于500m的几个(套)生产装置、设施或场所。

二、城市轨道交通运营危险源及相关基本概念

危险源识别是确认危险源的存在并确定其特性的过程,其实质是找出组织中存在的人

的不安全行为、物的不安全状态、作业环境中存在的危害因素及管理缺陷。

城市轨道交通运营危险源可能造成人员伤害、职业病、财产损失、作业环境破坏、行车等各类事故。

(1) 城市轨道交通运营危险源识别是确认危险源的存在并确定其特性的过程。

(2) 城市轨道交通运营事件是造成或可能造成事故的事情。

(3) 城市轨道交通运营事故是造成死亡、职业病、伤害、财产损失、行车运转异常或其他损失的意外事件。

(4) 城市轨道交通运营风险是特定危险事件发生的可能性与后果的组合。

(5) 城市轨道交通运营风险评价是评价风险程度并确定风险是否可容许的全过程。

(6) 职业健康与安全是影响运营单位所属场所内所有人员,包括正式员工、临时工、委外人员、访问者和其他人员的安全和健康的条件和因素。

三、危险源类别

危险源的主要类别有:物理性危险源,化学性危险源,生物性危险源,心理、生理性危险源,行为性危险源五个方面,见表3-1。

危险源的主要类别　　　　　　　　　　表3-1

类　　别	主　要　内　容
物理性危险源	设施、设备缺陷(如强度不够、刚度不够、稳定性差、密封不良、外露运动件等)
	防护缺陷(如无防护、防护装置和设施缺陷、防护不当、防护距离不够等)
	电危害(如带电部位裸露、漏电、雷电、静电、电火花等)
	噪声危害(如机械性噪声、电磁性噪声、流体动力性噪声等)
	振动危害(如机械性振动、电磁性振动、流体动力性振动等)
	电磁辐射(电离辐射如 X 射线、γ 射线、α 粒子、β 粒子、质子、中子、高能电子束等;非电离辐射;紫外线、激光、射频辐射、超高压电场等)
	运动物危害(如固体抛射物、液体飞溅物、反弹物、岩土滑动、气流卷动、冲击地压等)
	明火
	能造成灼伤的高温物质(如高温气体、高温固体、高温液体等)
	能造成冻伤的低温物质(如低温气体、低温固体、低温液体等)
	粉尘与气溶胶(不包括爆炸性、有毒性粉尘与气溶胶)
	作业环境不良(如基础下沉、安全过道缺陷、有害光照、通风不良、缺氧、空气质量不高、给排水不良、气温过高、气温过低、自然灾害等)
	信号缺陷(如无信号设施、信号选用不当、信号不清、信号有时不准等)
	标志缺陷(如无标志、标志不清、标志不规范、标志位置缺陷等)
	其他物理性危险源

续上表

类别	主要内容
化学性危险源	易燃易爆性物质(如易燃易爆性气体、易燃易爆性液体、易燃易爆性固体、易燃易爆性粉尘与气溶胶等)
	自燃性物质
	有毒物质(如有毒气体、有毒液体、有毒固体、有毒粉尘与气溶胶等)
	腐蚀性物质(如腐蚀性气体、腐蚀性液体、腐蚀性固体等)
	其他化学性危险源
生物性危险源	致病微生物(如细菌、病毒、其他致病微生物)
	传染病媒介物
	致害动物
	致害植物
	其他生物性危险源
心理、生理性危险源	负荷超限(如体力负荷超限、听力负荷超限、视力负荷超限等)
	健康状况异常
	从事禁忌作业
	心理异常(如情绪异常、冒险心理、过度紧张等)
	辨识功能缺陷(如感知延迟、辨识错误、其他辨识功能缺陷等)
	其他心理、生理性危险源
行为性危险源	指挥错误(如指挥失误、违章指挥等)
	操作失误(如误操作、违章作业等)
	监护失误
	其他错误
	其他行为性危险源

想一想

危险源的类别还有哪些?

四、危险源识别的方法、要求和步骤

1. 危险源识别的方法

在危险源识别过程中应充分发挥集体的力量,结合使用脑力风暴、经验判断、失效模式与效应分析、危害与操作性分析、工作安全分析等方法。相关教学资源见二维码4。

2. 危险源识别的要求

危险源识别时要考虑三种状态、三种时态、六种类型和城市轨道交

风险辨识

通运营事故类型。

(1) 三种状态

①常规状态。常规状态指正常生产过程中危险源的存在方式。

②非常规状态。非常规状态可以分为以下三种情况：

a. 异于常规、周期性的或临时性的作业、活动。

b. 偶尔出现、频率不固定，但可预计出现的状态。

c. 由于外部的原因（如天气）导致的非常规状态，如启动、关闭、试车、停车、清洗、维修等。

③潜在的紧急情况。

a. 往往是不可预见其后果的情况。

b. 后果是灾难性的，不可控制的情况，如火灾、爆炸、严重的泄漏、碰撞及事故。

(2) 三种时态

①过去：在本企业过去的某些活动中，或者在类似企业的某些活动中存在的危险源或发生过的事故。

②现在：目前正在从事的有危险源的活动。

③将来：在可以预见的将来还会存在危险源的活动。

(3) 六种类型

六种类型指物理性、化学性、生物性、心理/生理性、行为性和其他危险源。

3. 危险源识别的步骤

(1) 识别准备。

①确定分工。

②收集识别范围内的资料。

③列出识别范围内的活动或流程设计的所有方面。

(2) 分类识别危险源。从厂址厂区平面布局，建（构）筑物，生产工艺过程，生产设备、装置，作业环境，以及管理措施六个方面进行分类识别。

(3) 划分识别单元。识别单元是分类识别危险源的细化，可以按照工艺、设备、物料、过程来细化；同类的过程或设备可以划为一类识别对象；识别对象不宜过粗或过细。

(4) 危险源的识别。先找出可能的事故伤害方式，再找出其原因。

(5) 填写危险源登记表。

五、危险源识别对象划分

在各部门所列出识别范围内的活动或流程所涉及的所有方面后，选用合适的设备分析法、工艺流程分析法或其他划分方法，根据事故类型划分危害事件，并根据以下过程划分危险源识别对象。

(1) 对车辆设备大修的活动，可按照其工艺流程分析法划分识别对象。

(2) 对设备维护的活动，可按设备分析法依据划分的设备作为危险源识别对象，并结合活动实施过程划分。

(3)使用设备时可根据具体操作过程划分识别对象。

(4)根据采购、存放、检测设备的过程划分识别对象。

(5)根据行车组织、客运组织过程划分识别对象。

(6)针对每一危险源辨识对象,参考危险源事故类型表,识别可能存在的事故/事件,并登记在表3-2所列的危险源识别与风险评价登记表中"危害事故/事件"栏以及"事故类型"栏内。

危险源识别与风险评价登记表　　　　表 3-2

序号	部门/地点	活动	设施/设备/物料	危害事故/事件	事故类型	危险源	危险源类别	风险评价			风险级别	控制措施	备注
								风险发生的可能性	事故后果严重程度	风险值			

单元3.2　危险源识别范围及事故类型

城市轨道交通危险源识别,既涉及员工、乘客及相关方的健康与安全,又涉及行车安全、设备安全、消防安全、交通安全、财产损失和列车延误等范畴。

一、危险源识别范围

危险源识别范围,包括城市轨道交通覆盖范围内工作区域及其他相关范围内的生产经营活动、人员、设施等。根据城市轨道交通及其他活动情况,可按地点或活动进行划分。

(1)按地点划分:城市轨道交通沿线各车站、车辆段、控制中心大楼、办公楼等。

(2)按活动划分:常规活动、非常规活动、潜在的紧急情况。各活动所包含的主要内容,见表3-3。

各活动主要内容　　　　表 3-3

活动类型	主　要　内　容
常规活动	运营服务活动:依据运营时刻表组织列车运营、客运服务过程
	设施、设备的设计、安装、调试、验收、接管、使用过程
	公共活动:相关部门均有的活动,包括办公、电梯、叉车、消防设施、空调、空压机、抽风机使用、化学物品搬运储存、废弃等
	间接活动:为运营服务活动提供支持的活动,主要包括物资部门仓库管理、检验、物料采购以及物料的使用管理、食堂管理等

续上表

活动类型	主要内容
非常规活动	设施、设备维护，消防及行车疏散演习，因公外出，合同方在总部的活动（如工程施工、维修、清洁等）
潜在的紧急情况	如行车、火灾、爆炸、化学物品泄漏、中毒、台风、雷击、碰撞等事故事件（潜在的、紧急情况的危险识别须考虑紧急情况发生时和发生后进行抢险救援过程中存在的危险）

二、事故类型

1. 一般危险源事故类型

在进行危险源辨识前，必须把危险源事故类型确定下来，以防止危险源识别不清晰、不全面。结合现行《企业职工伤亡事故分类》(GB 6441)，并分析城市轨道交通运营过程可能产生的行车事故/事件、列车延误及财产损失等事故类别，确定了危险源事故类型，见表3-4。

表3-4中"可能引发行车事件/事故的设备缺陷事件和行为事件"及"行车事件/事故"这两个事故类型是一种从属的关系，即"可能引发行车事件/事故的设备缺陷事件和行为事件"事故类型的风险属于"行车事件/事故"事故类型风险的危险源。设计这种从属关系的事故类型可把运营过程中可能发生的重要风险所涉及的危险源划归到相关部门进行控制。

危险源事故类型 表3-4

类别编号	事故类别名称	备注	类别编号	事故类别名称	备注
01	物体打击	伤害事故	014	其他伤害	伤害事故
02	车辆伤害		015	噪声聋	职业病
03	机械伤害		016	尘肺	
04	起重伤害		017	视力受损	
05	触电		018	其他职业病	
06	淹溺		019	健康受损	健康危害
07	灼烫		020	财产损失（2000元及以上）	无伤害事件/事故
08	火灾				
09	高处坠落				
010	坍塌		021	列车延误	无伤害的列车延误事件
011	容器爆炸				
012	其他爆炸		022	行车事件/事故	含人员伤亡的行车事件/事故
013	中毒和窒息				

续上表

类别编号	事故类别名称	备注	类别编号	事故类别名称	备注
023	可能引发行车事件/事故的设备缺陷事件和行为事件	这里是引发行车事件/事故的危险源	024	其他事件/事故	无伤害事件/事故

2. 城市轨道交通运营事故的主要类型

城市轨道交通运营事故的主要类型包括如下。

（1）行车事故

行车事故包括列车脱轨、列车倾覆、列车追尾、列车冲突、列车分离、列车挤岔、轮对卡死、车门未关闭动车、弓网故障、接触网失电、接触网断线、错开车门、列车冒进信号、错办列车进路、夹人夹物动车、列车客伤、道床伤亡等。

（2）非行车事故

非行车事故包括乘客电扶梯受伤、乘客楼梯或地面跌倒、车站照明失电、车站大客流拥挤致人员伤亡等。

（3）火灾

火灾包括列车火灾、区间火灾、车站火灾、变电所火灾、检修基地火灾、控制中心火灾等。

（4）职业伤害

职业伤害包括工作中发生碰撞或撞击、自高处坠落或陷入坑洞/缝隙、触电、跌倒/滑倒、发生车辆伤害、夹伤、砸伤和冻伤以及工作环境中存在过量辐射、温度过高或过低、噪声超限和影响健康等情形。

（5）恐怖事件

恐怖事件包括劫持、爆炸、纵火、毒气等。

（6）治安事件

治安事件包括蓄意破坏设施设备、打架斗殴、盗窃抢劫等。

（7）其他影响运营服务质量的事件

其他影响运营服务质量的事件包括列车因故暂停在隧道区间，隧道新风量不够，车站乘客无法正常进出站，数据不上传、AFC系统全线设备不能正常使用，电梯关人，电梯不平层，乘客因客室通风或制冷效果不良投诉，车站卷帘门打不开行等。

单元3.3 危险源控制

一、安全分析

城市轨道交通安全分析是使用系统工程的原理和方法，辨别、分析交通系统中存在的危险因素,并根据实际需要对其进行定性、定量描述的技术方法。其目的是保证系统安全运行,查明系统中的危险因素,以便采取相应措施控制危险。

1. 安全分析的内容

安全分析是从安全角度对交通系统中的危险因素进行分析,主要分析导致系统故障或事故的各种因素及其相关关系,通常包括如下内容。

①对可能出现的初始的、诱发的及直接引起事故的各种危险因素及其相互关系进行调查和分析。

②对与系统有关的环境条件、设备、人员及其他有关因素进行调查和分析。

③对能够利用适当的设备、规程、工艺或材料控制或根除某种特殊危险因素的措施进行分析。

④对可能出现的危险因素的控制措施及实施这些措施的方法进行调查和分析。

⑤对不能根除的危险因素失去控制或减少控制后可能出现的后果进行调查和分析。

⑥当危险因素一旦失去控制,为防止伤害或损害的安全防护措施进行调查和分析。

2. 安全分析的方法

安全分析方法有许多种,在危险因素辨识中得到广泛应用的安全分析方法主要有统计图表分析(Statistic Figure Analysis,SFA)、因果分析图(Cause-Consequence Analysis,CCA)、安全检查表(Safety Check List,SCL)、预先危险性分析(Preliminary Hazard Analysis,PHA)、故障模式及影响分析(Failure Model and Effects Analysis,FMEA)、致命度分析(Criticality Analysis,CA)、事件树分析(Event Tree Analysis,ETA)、事故树分析(Fault Tree Analysis,FTA)、危险性和可操作性研究(Hazard and Operability Analysis, HAZOP)、原因-后果分析等。

此外,管理疏忽和风险树分析、原因-后果分析、共因失效分析等方法可用于特定目的的危险因素辨识。

各种安全分析方法都是根据危险性的分析、预测以及特定的评价需要而研究开发的,因此,它们都有各自的特点和一定的适用范围。

①统计图表分析是一种定量分析方法,适用于对系统发生事故情况进行统计分析的情况,便于找出事故发生规律。

②因果分析图是将引发事故的重要因素分层(枝)加以分析,分层(枝)的多少取决于安全分析的广度和深度要求,分析结果可供编制安全检查表和事故树用。此方法简单、用途广泛,但难以揭示各因素之间的组合关系。

③安全检查表。按照一定方式(检查表)检查设计、系统和工艺过程,查出危险性所在。此方法简单、用途广泛,没有任何限制。

④预先危险性分析。确定系统的危险性,尽量防止采用不安全的技术路线和使用危险性的物质、工艺和设备。其特点是把分析工作做在行动之前,避免由于考虑不周而造成损失,当然在系统运转周期的其他阶段,如检修后开车、制定操作规程、技术改造之后、使用新工艺等情况,都可以采用这种方法。

⑤故障模式及影响分析。以硬件为对象,对系统中的元件逐个进行研究,查明每个元件的故障模式,然后再进一步查明每个故障模式对子系统甚至系统的影响。此方法易于

理解,是广泛采用的标准化方法。但一般用于考虑非危险性失效的情况,费时较多,而且一般不能考虑人、环境和部件之间相互关系等因素。主要用于设计阶段的安全分析。

⑥致命度分析。确定系统中每个元件发生故障后造成多大程度的严重性,按其严重度定出等级,以便改进系统性能。此方法用于各类系统、工艺过程、操作程序和系统中的元件,是较完善的标准方法,易于理解。但需要在故障模式及影响分析之后进行。与故障模式及影响分析一样,不能包含人和环境及部件之间相互作用等因素。

⑦事件树分析。由初始(希望或不希望)的事件出发,按照逻辑推理推论其发展过程及结果,即由此引起的不同事件链。此方法广泛用于各种系统,能够分析出各种事件发展的可能结果,是一种动态的宏观分析方法。

⑧事故树分析。由不希望事件(顶事件)开始,找出引起顶事件的各种失效的事件及其组合。事故树分析最适用于找出各种失效事件之间的关系,即寻找系统失效的可能方式。此方法可包含人、环境和部件之间相互作业等因素,具有简明、形象化的特点,已成为安全系统工程的主要分析方法。

⑨危险性和可操作性研究。此方法用于研究工艺状态参数的变动,以及操作控制中偏差的影响及其发生的原因。其特点是由中间状态参数的偏差开始,分别向下找原因,向上判明其后果,是故障模式及影响分析和事故树分析方法的延伸,具有二者的优点,适用于流体或能量的流动情况分析,特别是大型化工企业。

⑩原因-后果分析。此方法是事件树分析和事故树分析方法的结合,它从某一初始条件出发,向前用事件树分析,向后用事故树分析,兼有二者的优缺点。其方法灵活性强,可以包罗一切可能性,易于文件化,可以简明地表示因果关系。

二、安全评价

1. 安全评价的含义

安全评价也称危险性评价或风险评价,是以实现系统安全为目的,应用安全系统工程原理和工程技术方法,对系统中固有的或潜在的危险因素进行定性分析或定量分析,得出系统发生危险的可能性及其后果严重程度的评价,通过与评价标准的比较得出系统的危险程度,提出改进措施,以寻求最低事故率、最少的损失和最优的安全投资。

任何生产系统,在其寿命周期内都有发生事故的可能,区别只在事故发生的频率和可能的严重程度不同而已。因为在制造、试验、安装、生产和维修的过程中普遍存在着危险性。在一定条件下,如果对危险失去控制或防范不周,就会发生事故,造成人员伤亡和财产损失以及环境污染。为了抑制危险性,使其不会发展为事故或减少事故造成的损失,就必须对其有充分的认识,掌握危险性发展为事故的规律,就是要充分揭示系统存在的所有危险性,及其形成事故的可能性和发生事故的损失大小,从而衡量系统客观存在的风险大小。据此确定是否需要改进技术路线和防范措施,变更后危险性将得到怎样的抑制和消除,技术上是否可行、经济上是否合理以及系统是否最终达到了社会所公认的安全指标,这就是安全评价的基本内容和过程。

在上述安全评价的定义中,包含三层意思:第一,对系统存在的不安全因素进行定性和定量分析,这是安全评价的基础,包括安全测定、安全检查和安全分析等;第二,通过与评价标准的比较,得出系统发生危险的可能性或程度的评价;第三,提出改进措施,以寻求最低的事故率,达到安全评价的最终目的。

2. 安全评价的标准

安全评价标准的确定主要取决于一个国家、行业或部门的政治、经济、技术和安全科学发展的水平。随着生产技术的发展,新工艺、新技术、新材料、新能源的出现,又会产生新的危险;同时,对已经认识到的危险,由于技术、资金等因素的制约,也不可能完全杜绝。所以,确定安全评价标准,实际上就是确定一个社会各方面可允许的、可接受的危险程度。

安全评价标准的确定方法有统计法和风险与收益比较法。对系统进行安全评价时,可根据综合评价得到的危险指数进行统计分析,确定使用一定范围的安全评价标准。

3. 安全评价的内容和程序

(1) 安全评价的内容

从危险源的角度来看,安全评价包括对第一类危险源危险性的评价和对第二类危险源(第一类危险源的控制措施)危险性的评价两个方面。

评价第一类危险源的危险性时,主要考察以下几方面情况。

①能量或危险物质的量。第一类危险源具有的能量或危险物质的量越高,一旦发生事故其后果越严重;反之,拥有的能量或危险物质的量越低,对人或物的危害越小。第一类危险源处于低能量状态时比较安全。同样,第一类危险源具有的危险物质的量越大,损坏人的新陈代谢功能越严重,其危险性越大。

第一类危险源导致事故后果的严重程度,主要取决于发生事故时意外释放的能量或危险物质的多少。第一类危险源拥有的能量或危险物质越多,则发生事故时可能意外释放的能量也多。因此,第一类危险源拥有的能量或危险物质的量是危险性评价中的最主要指标。当然,有时也会有例外的情况,有些第一类危险源拥有的能量或危险物质的量只能部分地意外释放。

②能量或危险物质意外释放的强度。能量或危险物质意外释放的强度是指事故发生时单位时间内释放的能量。在意外释放的能量或危险物质的总量相同的情况下,释放强度越大,能量或危险物质对人员或物体的作用越强烈,造成的后果越严重。

③能量的种类和危险物质的危险性质。不同种类的能量和不同性质的危险物质造成人员伤害、财物破坏的机理不同,其后果也很不相同。

危险物质的危险性主要取决于其自身的物理、化学性质。燃烧爆炸性物质的物理、化学性质决定其导致火灾、爆炸事故的难易程度及事故后果的严重程度。工业毒物的危险性主要取决于其自身的毒性大小,在引起急性中毒的场合,常用半数致死剂量评价其自身的毒性。

④意外释放的能量或危险物质的影响范围。事故发生时意外释放的能量或危险物质的影响范围越大,可能遭受其作用的人或物越多,事故造成的损失越大。例如,有毒有害气体泄漏时可能影响下风侧的很大范围。

评价第一类危险源危险性的主要方法有后果分析和划分危险等级两种方法。后果分析是指通过详细的分析,计算意外释放的能量或危险物质造成的人员伤害和财物损失,定量地评价危险源的危险性。后果分析需要的数学模型准确度较高,需要的数据较多,计算复杂,一般仅用于危险性特别大的重大危险源的危险性评价。划分危险等级的方法是一种简单易行,并且得到广泛应用的方法。划分危险等级是一种相对的评价方法,通过比较危险源的危险性,人为地划分出一些危险等级来区分不同危险源的危险性,为采取危险源控制措施或进行更详细的危险性评价提供依据。一般而言,危险等级越高,危险性越高。

采取了危险源控制措施后的危险性评价,可以查明危险源控制措施的效果是否达到了预定的要求。如果采取了控制措施后危险性仍然很高,则需要进一步研究对策,采取更有效的措施降低危险性。

评价第二类危险源的危险性时,可以从以下几个方面来考虑。

①防止人为失误的能力。必须能够防止在装配、安装、检修或操作过程中发生可能导致严重后果的人为失误,如止回阀门不应装反、三线电源插头不能插错等。

②对失误后果的控制能力。一旦人为失误可能引起事故时,应能控制或限制对象部件或元件的运行,以及它们与其他部件或元件的相互作用。例如,若按 A 钮启动之前按 B 钮可能引起事故,则应实行联锁,使之先按 B 钮也没有危险。

③防止故障传递能力。应能防止一个部件或元件的故障引起其他部件或元件的故障,从而避免事故。例如,电动机电路短路时熔断丝熔断,防止烧毁电动机。

④失误或故障导致事故的难易。发生一次失误或故障就直接导致事故,这种设计、设备或工艺过程是不安全的,应保证至少有两次相互独立的失误或故障或一次失误与一次故障同时发生才能引起事故。对于那些一旦发生事故将带来严重后果的设备、工艺,必须保证同时发生两起以上的失误或故障才能引起事故。

⑤承受能量释放的能力。应能承受运行过程中偶尔可能产生高于正常水平的能量释放。例如,通常在压力罐上装有减压阀以把罐内压力降低到安全压力,如果减压阀出现故障,则超过正常值的压力将强加于管路,为使管路能承受高压,必须增加管路的强度或在管路上增设减压阀。

⑥防止能量蓄积的能力。能量蓄积的结果将导致意外的能量释放。因此,应有防止能量蓄积的措施,如安全阀、可熔断(可滑动)连接等。

理想的安全评价包括危险性辨识和危险性评价两部分,如图 3-1 所示。

图 3-1 安全评价的内容

危险性辨识是指利用安全系统工程的理论和方法,分析系统及其各要素所固有的安全隐患,揭示系统的各种危险性,即通过一定的手段测定、分析和判明危险(包括固有的和潜在的危险、可能出现的新危险以及在一定条件下转化生成的危险),并且对系统中已查明的危险进行定量化处理,从而为评价提供数量依据。

危险性评价是指根据危险性辨识的结果,采取各种措施减小或消除危险,并同既定的安全指标或目标相比较,判明所具有的安全水平,直到达到社会所允许的危险水平或规定的安全水平为止。

(2)安全评价的程序

由安全评价的内容可知,安全评价程序主要包括以下几个步骤。

①资料收集和研究。明确评价对象和范围,收集国内外相关法律、法规和标准,了解同类系统、设备、设施的运作和事故发生情况,以及评价对象的地理、气候条件及社会环境状况等。对收集的资料应进行深入研究,研究的深入程度可大大缩短分析和评价的进程。

②危险因素辨识与分析。根据评价对象的特点,辨识和分析系统可能发生的事故类型以及事故发生的原因和机制。

③确定评价方法,实施安全评价。在上述危险分析的基础上,划分评价单元,根据评价目的和评价对象的复杂程度,选择具体的一种或多种评价方法,对事故发生的可能性和严重程度进行定性或定量评价,在此基础上进行危险分级,以确定安全管理的重点。

④提出降低或控制危险的安全对策措施。根据评价和分级结果,高于标准值的危险必须采取工程技术或组织管理措施,降低或控制危险。低于标准值的危险属于可接受或允许的危险,应建立检测措施,防止生产条件变更导致危险值增加,对不可排除的危险要采取防范措施。

4. 安全评价的作用和意义

(1)安全评价体现了"安全第一,预防为主"的安全生产方针

为了保障安全生产,必须从预防事故这一根本目的出发,预先或超前对系统在计划、设计、施工、验收、投产和运行等各阶段的安全性进行科学的预测和评估,防止和减少在安全上的欠债和加强安全的投入。安全评价从预防事故的观点出发,对系统可能产生的损失和伤害进行预测和评价,采取有效的手段以实现系统安全的总目标。因此,安全评价是一门控制系统总损失的技术,评价过程提高了安全管理水平,体现了从被动到主动、从事后处理到事前预防、从经验到科学的安全管理方法。

(2)安全评价有助于国家各级安全监察部门对企业安全生产的宏观控制

通过对企业安全状况系统的、科学的、客观的评价,既可以衡量企业固有危险性的大小,又可以得出企业安全现状的结论。国家各级监察部门可以此为依据,按照不同的危险等级和安全现状配备相应的监察力量,使监察工作能够有目的、有重点地进行,实现重点和一般相结合,全面控制企业安全生产。

实行国家监察的目的是要对企业安全生产实现宏观控制。通过监察发现问题并依法进行处理,以求改变企业的不安全状况,提高安全生产水平。安全评价可以依据标准对企业安全管理、安全技术、安全教育等方面的问题做出综合评价,既能了解企业存在的问题,又能客

观地对企业安全水平给出结论。安全监察机关可以此为依据,对企业依法进行处置,如依法追究刑事责任、责令停产整顿或采取相应安全措施。而且,一般安全评价标准都附有根据国家科技发展水平能够实现的措施,使企业不仅了解危险的存在,而且明确改进安全状况的措施,达到监察的目的,实现控制的目标。

(3)安全评价有助于保险部门加强对企业灾害实行风险管理

保险部门对企业事故引起的人身伤亡、职业病和财产损失所承担的保障义务是保险业的一项重要内容。随着我国保险业的发展,企业投保也逐渐增多,对企业事故的风险管理必然要纳入议事日程。风险管理应该包括:保险费的合理收取,风险的控制和事故后的合理赔偿等。

保险部门为企业承担灾害事故保险,就要收取保险费。保险费的收取是由企业事故风险的大小决定的。所谓事故风险,就是单位时间内的事故损失。严格地讲,保险费的计算应以风险为基准。但目前还不具备这样的条件。因此,可以考虑采用安全评价的结果来计算费率,即综合考虑企业生产过程中危险程度大小和企业对危险的控制能力的高低。

至于风险管理,是指在保险过程中尽量减少灾害事故的发生和减轻灾害事故发生的损失。保险部门为投保户提供灾害风险保险,并不是所有事故都负责赔偿,而是仅在投保户遵守保险部门规定的防灾防损条例、条令、规程、规定的前提下才履行该项义务的。保险公司不仅为此制定若干标准,而且拥有完善的监察投保户执行情况的组织机构。由于我国保险业尚未建立健全这套体制,故不能严格控制企业灾害事故的发生。但是,目前完全可借用企业安全评价标准作为企业防灾防损必须遵守的准则(国外的保险条例也有许多等效采用其他安全法规和标准的情况)。另外,保险部门还要根据企业对条例的遵守情况和事故的减少幅度,定期返还企业部分保险费,以资鼓励,提高企业防灾防损的自觉性。如果投保企业发生了事故,就存在一个是否应该赔偿以及赔偿多少的问题。解决这个问题的关键则是以企业是否遵守保险条例为基础。因此,一个较完善的企业安全评价标准完全可以作为保险部门事故赔偿的准则。总之,安全评价的标准和结果为保险部门对企业实行风险管理提供了经验和数据,对加强风险管理有其现实指导意义。

(4)安全评价有助于提高企业安全管理水平

①变事后处理为事前预防,使企业安全工作更加科学化。

长期以来,我国大多数企业的安全管理,基本上采用传统管理方法,主要是凭经验管理,即以事故发生后再处理的"事后过程"为主,因而难以实现"安全第一,预防为主"的安全生产方针。通过安全评价,可以预先系统地辨识危险性及其变化情况,科学地分析企业的安全状况,及时掌握安全工作的信息,全面地评价企业的危险程度和安全管理现状,衡量企业是否达到规定的安全指标,使企业领导能够做出正确的安全决策。此外,以系统科学为基础的安全评价可以促使企业建立动态的安全信息反馈系统,增强企业安全保障系统的自我调节机能。

②变纵向单一管理为全面系统管理,使企业安全工作更加系统化。

以往的安全管理基本上是以企业安全部门和各车间、班组专(兼)职安全人员组成的纵向单一(如安全技术科)管理体制。这样的体制难以实现全面安全,被管理者往往不能和安全人员密切配合,大多处于被动状态,造成安全部门管理安全的孤立局面。安全评价的实施,不仅要评价安全部门,而且要全面评价企业各个单位及每一个人应负安全职责的履行情况。这样,就使企业所有部门都按照要求认真评价本系统的安全状况,变被管理者为主动执行者和管理者,而安全部门仅对各职能部门和生产单位是否尽职尽责进行监督检查,使企业安全管理体制与横向到边、纵向到底的安全管理落实机制度配套实施和运行。管理范围也可以从单纯生产安全扩大到企业各系统的人、机、料、法、环等各因素、各环节的安全。这样,就可以使安全管理实现全员、全面、全过程的系统化管理。

③变盲目管理为目标管理,使企业安全工作逐步标准化。

以往的安全管理缺乏统一的标准,安全人员仅凭自己的经验、主观意志和思想觉悟办事。往往是不出事故就认为安全工作出色,出了事故就惊慌失措,对安全工作全盘否定,缺乏衡量企业安全的客观指标和标准。通过按评价标准进行安全评价,使安全技术干部和全体职工明确各项工作的规范要求。有了标准,就可以使安全工作有明确的追求目标,从而使日常安全管理工作纳入标准轨道。

④安全评价可以为企业领导的安全决策提供必要的科学依据。

要改变企业的安全状况,提高企业的安全生产水平,就必须采取相应的安全措施,这就涉及安全投资的问题。对所有安全工程项目,不仅要考虑改善工作条件,保护职工健康与安全,还要考虑经济效益。因为安全工作也是企业经济活动的一部分,所以要认真对待安全投资的经济性和合理性问题。安全评价不仅需要系统地确认危险性,还要进一步考虑危险性发展为事故的可能性大小和事故损失的严重程度,进而计算单位时间事故造成的损失(即风险)。以此说明系统危险可能造成的负效益的大小,以便合理地选择控制事故的措施,措施投资的多少,使投资和可能减少的负效益达到平衡,正确选择技术路线和工艺路线,为领导决策提供科学依据,使系统达到社会认可的安全指标。

三、划分风险等级

根据风险评价的结果,可将风险分为5级:第1级,极其危险;第2级,高度危险;第3级,中度危险;第4级,一般危险;第5级,可容忍危险。

四、风险控制措施(相关教学资源见二维码5)

二维码5
风险控制

(1)对第1级和第2级的风险,一定要制定职业健康安全目标和职业健康安全管理方案。

(2)对第3级风险,视情况制定职业健康安全目标和职业健康安全管理方案。

(3)对第1、2、3、4级的风险,要制定运行控制程序,按程序进行管理。

(4)对第5级的风险可维持现有的风险控制措施。

(5)其他认为需要控制的风险则根据实际情况的需要制定管理方案。

(6)对于潜在的紧急风险情况,应制定应急准备和响应控制程序,按程序进行管理。

城市轨道交通运营系统的复杂性带来运营风险的多变性。因此,运营风险管理必须常抓不懈,不断进行自我纠正,为广大职工和乘客提供良好的安全运营大环境。

知识链接

常用安全分析法——事件树分析介绍

1. 事件树分析的含义

事件树分析是从一个初始事件开始,按顺序分析事件向前发展中各个环节成功与失败的过程和结果。

一起事故的发生,是许多原因事件相继发生的结果。其中,一些事件的发生是以另一些事件先发生为条件的,而一些事件的出现,又会引起另一些事件的出现。在事件发生的顺序上,存在着因果的逻辑关系。事件树分析法是一种时序逻辑的事故分析方法,它以某一初始事件为起点,按照事故的发展顺序,分成阶段,逐步进行分析,每一事件可能的后续事件只能取完全对立的两种状态(成功或失败、正常或故障、安全或危险等)之一的原则,逐步向结果方面发展,直至达到系统故障或事故为止。所分析的情况用树状图表示,所以称为事件树。它既可以定性地了解整个事件的动态变化过程,又可以定量计算出各阶段的概率,最终了解事故发展过程中各种状态的发生概率。

事件树分析是由决策树演化而来的,最初是用于可靠性分析。其原理是每个系统都是由若干个元件组成的,每一个元件对规定的功能都存在具有和不具有两种可能。元件具有其规定的功能,表明正常(成功);不具有其规定功能,表明失常(失败)。按照系统的构成顺序,从初始元件开始,自左向右分析各元件成功与失败的两种可能,直到最后一个元件为止。分析的过程用图形表示出来,就得到近似水平的树形图。

通过事件树分析,可以把事故发生发展的过程直观地展现出来,如果在事件(隐患)发展的不同阶段采取恰当措施阻断其向前发展,就可达到预防事故的目的。

2. 分析步骤

(1)确定初始事件。初始事件是事件树中在一定条件下造成事故后果的最初原因事件。它可以是系统故障、设备失效、人员误操作或工艺过程异常等。一般选择分析人员最感兴趣的异常事件作为初始事件。

(2)找出与初始事件有关的环节事件。所谓环节事件,是指出现在初始事件后一系列可能造成事故后果的其他原因事件。

(3)画事件树。把初始事件写在最左边,各个环节事件按顺序写在右面。从初始事件画一条水平线到第一个环节事件,在水平线末端画一垂直线段,垂直线段上端表示成功,下端表示失败;再从垂直线两端分别向右画水平线到下一个环节事件,同样用垂直线段表示成功和失败两种状态;依此类推,直到最后一个环节事件为止。如果某一个环节事件不需要往下分析,则水平线延伸下去,不发生分支,如此便得到事件树。

(4)说明分析结果。在事件树最后面写明由初始事件引起的各种事故结果或后果。

事件树的一般形式如图3-2所示。

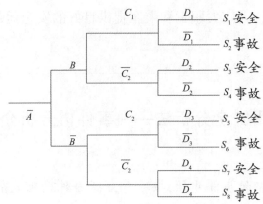

图3-2 事件树的一般形式

3. 定性与定量分析

(1) 事件树定性分析

事件树定性分析在绘制事件树的过程中就已进行,绘制事件树必须根据事件的客观条件和事件的特征做出符合科学性的逻辑推理,用与事件有关的技术知识确认事件可能状态,所以在绘制事件树的过程中就已对每一发展过程和事件发展的途径做了可能性的分析。

事件树绘制好之后的工作,就是找出事故连锁和预防事故发生的途径。

①找出事故连锁。

事件树的各分支代表初始事件一旦发生其可能的发展途径。其中,最终导致事故的途径即事故连锁。一般情况下,导致系统事故的途径有很多,即有许多事故连锁。

事故连锁中包含的初始事件和安全功能故障的后续事件之间具有"逻辑与"的关系,显然,事故连锁越多,系统越危险;事故连锁中事件数越少,系统越危险。

②找出预防事故发生的途径。

事件树中最终达到安全的途径指导我们如何采取措施预防事故的发生。在达到安全的途径中,发挥安全功能的事件构成事件树的成功连锁。如果能保证这些安全功能发挥作用,则可以防止事故发生。一般情况下,事件树中包含的成功连锁可能有多个,即可以通过若干途径来防止事故发生。显然,成功连锁中事件越多,系统越安全;反之,成功连锁中事件数越少,系统越安全。

由于事件树反映了事件之间的时间顺序,所以应该尽可能地从最先发挥功能的安全功能着手。

(2) 事件树定量分析

事件树定量分析是指根据每一事件的发生概率,计算各种途径的事故发生概率,比较各个途径概率值的大小,确定最易发生事故的途径。一般情况下,当各事件之间相互统计独立时,其定量分析比较简单。当事件之间相互统计不独立时(如共同原因故障、顺序运行等),则定量分析变得非常复杂。

定量分析要有事件概率数据作为计算的依据,且事件过程的状态又是多种多样的,一般都因缺少概率数据而不能实现定量分析。

（3）事故预防

事件树分析把事故的发生发展过程表述得清楚而有条理，对设计事故预防方案、制定事故预防措施提供了有力的依据。

从事件树上可以看出，最后的事故是一系列危害和危险的发展结果，如果中断这种发展过程就可以避免事故发生。因此，在事故发展过程的各阶段，应采取各种可能措施，控制事件的可能性状态，减少危害状态出现概率，增大安全状态出现概率，把事件发展过程引向安全的发展途径。

采取在事件不同发展阶段阻截事件向危险状态转化的措施，最好在事件发展前期过程实现，从而产生阻截多种事故的效果。但有时因为技术经济等原因无法前期控制，这时就要在事件发展后期过程采取控制措施。显然，要在各条事件发展途径上都采取措施才行。

4. 事件树分析应用实例

以下为火车上有易燃品引起火灾事故的事件树分析过程。

在铁路旅客运输中是严禁旅客携带易燃品上车的，以确保旅客运输安全。但有的旅客违反规定携带易燃品，进站时未查出，将其带上火车，这就可能引起火灾事故，造成人员伤亡和财物损失。但处理得当，也可以避免火灾事故的发生。其具体分析如图3-3所示。

图3-3　火车上有易燃品引起火灾的事件树

单元3.4　安全标志、安全色与安全线

一、安全标志

1. 安全标志的定义

安全标志由安全色、几何图形、图形符号或文字所构成，用于表达特定的安全信息。

辅助标志是安全标志的文字说明或补充。辅助标志必须与安全标志同时使用在一个矩

形载体上,称为组合标志。在同一矩形载体上含有两个或两个以上安全标志并且有相应辅助标志的标志,称为多重标志。

2. 安全标志的作用

安全标志的作用是引起人们对不安全因素的注意,以达到预防事故发生的目的。但安全标志不能代替安全操作规程和安全防护措施。

3. 安全标志的类型

安全标志一般分为禁止标志、警告标志、指令标志、提示标志、文字辅助标志和其他安全色标志。

(1)禁止标志

禁止标志是禁止人们不安全行为的图形标志。禁止标志的几何图形是带斜杆的圆环,图形符号为黑色,几何图形为红色,背景色为白色,共40种。部分禁止标志的图形和含义如图3-4所示。

图3-4 禁止标志

(2)警告标志

警告标志是提醒人们注意周围环境,避免可能发生的危险的图形标志。警告标志的几何图形是正三角形边框,图形符号、几何图形为黑色,背景色、衬边为黄色,共39种。部分警告标志的图形和含义如图3-5所示。

图3-5 警告标志

(3)指令标志

指令标志是告诉人们必须遵守指令标志规定的图形标志。指令标志的几何图形是圆形边框,图形符号、衬边为白色,背景色为蓝色,共16种。部分指令标志的图形和含义如图3-6所示。

图 3-6 指令标志

（4）提示标志

提示标志是向人们提示某种信息（如标明安全设施或场所等）的图形标志。提示标志的几何图形是矩形，图形符号、衬边是白色，背景色是绿色，共 8 种。其图形和含义如图 3-7 所示。

图 3-7 提示标志

（5）文字辅助标志

（6）其他安全色标志

除了上述规定的安全色和安全标志外，还有一些色标与安全有关，常见的有气瓶、气体管道和电气设备等方面的漆色。这些漆色代表一定的含义，能使人们一眼就识别出其提供的信息。这对预防事故、保证安全是有益的。

①气瓶色标。气瓶色标是指气瓶外表面涂覆的字样内容、色环数目和颜色按充装气体的特性做规定的组合，是识别充装气体的标志。其目的主要是从颜色上迅速辨别盛装某种气体的气瓶和瓶内气体的性质（可燃性、毒性），避免错装和错用，同时可防止气瓶外表面生锈。《气瓶颜色标志》（GB/T 7144—2016）对气瓶外表面的颜色和气瓶上字样的颜色做了规定。充装常用气体的气瓶颜色标志见表 3-5。

充装常用气体的气瓶颜色标志　　　　　　表 3-5

序号	充装气体名称	瓶　色	字　样	字　色
1	乙炔	白	乙炔　不可近火	大红
2	氢	淡绿	氢	大红
3	氧	淡(酞)蓝	氧	黑
4	氮	黑	氮	白
5	空气	黑	空气	白
6	二氧化碳	铝白	液化二氧化碳	黑
7	氟	白	氟	黑
8	天然气	棕	天然气	白
9	乙烷	棕	液化乙烷	白
10	液化石油气	棕(工业用)	液化石油气	白
10	液化石油气	银灰(民用)	液化石油气	大红
11	乙烯	棕	液化乙烯	淡黄
12	氩	银灰	氩	深绿
13	氖	银灰	氖	深绿
14	六氟化硫	银灰	液化六氟化硫	黑

②管道色标。管道色标的习惯用法:蒸汽管道为白色,自来水管道为黑色,压力管道为黄色,消防管道为红色。

③电气设备相别的色标。变电所设备(母线和进出线)和车间配电装置用色标相别,主要用法:A 相为黄色,B 相为绿色,C 相为红色,地线为黑色,直流正极为红色,直流负极为蓝色。

查一查

日常生活中还有哪些安全标志?

二、安全色

1. 安全色和对比色的定义

安全色是被赋予安全意义而具有特殊属性的颜色,用于表示禁止、警告、指令、指示等。其作用是使人们能够迅速注意到影响安全与健康的对象或场所,提醒人们注意,以防发生事故。本节所说的安全色不适用于灯光信号、荧光颜色和航空、航海、内河航运以及为其他目的使用的颜色。

对比色是使安全色更加醒目的反衬色。

2. 安全色和对比色的种类与用途

《安全色》(GB 2893—2008)中规定:安全色有红色、蓝色、黄色、绿色四种。

在城市轨道交通领域,安全色的含义和用途见表3-6。

安全色的含义和用途　　　　　　　　　　　　　　　　　　　　　　表3-6

颜色	含义	用 途 举 例
红色	禁止	禁止标志:如城市轨道交通列车受电弓的支架带电部分涂红色,表示高压危险,禁止触摸
	停止	停止信号:机器、车辆上的禁忌停止按钮或手柄,以及禁止人们触动的部位
	消防	表示防火、灭火器
蓝色	指令必须遵守的规定	指令标志:如必须佩戴个人防护用具,道路上指引车辆和行人行驶方向的指令
黄色	警告	警告标志
	注意	警戒标志:如厂内危险机器和坑沟周边的警戒线、行车道中线、安全帽、城市轨道交通站台安全线
绿色	提示	提示标志
	安全状态	车间内的安全通道
	通过	车辆和行人通过的标志
	允许	消防设备和其他安全防护设备的位置
	工作	"在此工作"标志牌

注:1. 蓝色只有与几何图形同时使用时才表示指令;

　　2. 道路上的提示标志采用蓝色,不采用绿色,以免与道路两旁的绿色树木混淆。

对比色规定为黑、白两种颜色。黑色用于安全标志的文字、图形符号和警告标志的几何边框。白色既可用于安全标志红色、蓝色、绿色的背景色,也可以用于文字和图形符号。安全色与对比色同时使用时的搭配应符合表3-7的规定。

安全色与对比色的搭配　　　　　　　　　　　　　　　　　　　　　　表3-7

安 全 色	对 比 色
红色	白色
蓝色	白色
黄色	黑色
绿色	白色

注:黑色与白色互为对比色。

此外,通常使用的相间条纹有红色与白色相间、黄色与黑色相间、蓝色与白色相间、绿色与白色相间四种。相间条纹表示的含义和用途见表3-8。

相间条纹表示的含义和用途　　　　表3-8

颜　　色	含　　义	用 途 举 例
红白相间	禁止越入	道路上使用的防护栏杆和隔离墩
黄黑相间	警告注意	当心滑跌标志
蓝白相间	必须遵守	交通导向标志
绿白相间	使标志牌更醒目	安全标志杆

三、安全线

安全线是企业中用于划分安全区域与危险区域的分界线。例如,厂房内安全通道的标示线,城市轨道交通站台上的安全线都是属于此列。安全线一般用白色,宽度不小于60mm。在生产过程中,有了安全线的标示,就能区分安全区域和危险区域,有利于对危险区域的辨识和判断。

四、城市轨道交通常用安全标志

城市轨道交通常用标志有公里标、百米标、站名标、坡度标、制动标、圆曲线和缓和曲线始点及终点标、曲线标、竖曲线始点及终点标、水准基点标、警冲标、联锁分界标、预告标、司机鸣笛标、减速地点标、降速标、停车位置标、接触网终点标、降下受电弓标、升起受电弓标等。

隧道内百米标、限速标、停车位置标应设在行车方向的右侧;警冲标应设在两回合线间,其位置应根据设备限界及安全确定,隧道外的标志可按国家现行规定设置。

实训任务1　掌握城市轨道交通安全标志与安全色

掌握城市轨道交通安全标志与安全色见本教材所附实训任务1。

复习思考题

一、选择题

1. 以下哪项不属于安全色(　　)。
　A. 黄色　　　　　　B. 白色　　　　　　C. 绿色　　　　　　D. 红色
2. 警告标志的几何图形是(　　)边框,图形符号、几何图形为黑色,背景色、衬边为黄色。

A. 带斜杆的圆环   B. 长方形   C. 圆形   D. 正三角形

3. 安全线用白色,宽度一般不小于(　　)。

  A. 40mm   B. 60mm   C. 50mm   D. 70mm

二、填空题

1. 安全标志分为_____、警告标志、_____和提示标志4类。
2. 具有潜在危险性的物质与_____,并可能对_____、_____、环境造成危害的设备、设施或场所,即通常所指的危险源。

三、判断题

1. 警告标志是提醒人们注意周围环境,避免可能发生的危险的图形标志。（　　）
2. 危险源识别时要考虑三种状态、三种时态、六种类型和城市轨道交通运营事故类型。（　　）

四、名词解释

1. 安全标志：
2. 危险源识别：

五、简答题

1. 危险源的主要类别有哪些？

2. 安全色有几种？各自的含义是什么？

模块 4
城市轨道交通运营安全技术

 教学重点

1. 了解各种状态下行车的安全管理方法；
2. 了解城市轨道交通系统施工操作流程的安全管理；
3. 了解新设备调试、安装过程的安全方法；
4. 了解行车常见机械设备的安全改进措施；
5. 熟悉各种电气事故的原因，并提出改进的措施；
6. 了解城市轨道交通系统消防安全管理的特点；
7. 能安全使用部分特种设备。

 建议学时

18 学时

单元 4.1　行车安全

一、基本概念

地铁作为大运量的城市轨道交通工具，在世界各国已经得到了广泛应用。我国大中城市的地铁已在运营和建设中，对城市的公共交通起到了重要作用。

作为城市的一种重要交通运输工具，地铁的安全运营显得非常重要。由于地铁运营的特殊环境，大部分线路处于地下空间，环境封闭、人员密集，导致通风和疏散都受到极大的限制。一旦发生意外事故，伤亡损失往往非常惨重。

近几年，地铁安全工作的特殊性和脆弱性日益突出。加强地铁的安全管理、做好地铁的安全工作关系到人民生命财产的安全，关系到国家经济发展和社会稳定，是一件功在当代、荫庇子孙的大事。在整个城市轨道交通运营安全过程中，行车安全占据着首要地位。

行车安全一般指在城市轨道交通运营过程中行车员工、乘客、设备和环境未发生任何损失或发生的损失在人们可接受的范围之内。行车安全工作包括列车运行安全、车站作业安全、调车作业安全和行车调度安全。

二、列车运行安全

城市轨道交通行车组织工作实行"行车调度员—列车司机"二级管理模式，车站综控员辅助行车工作。为了确保行车安全,行车调度、列车操控、车站管理等必须协调共同开展工作。

列车操控是安全管理工作的最后一道防线,是行车安全管理的关键点之一。

1. 列车运行安全的影响因素

列车在运行过程中,其安全的影响因素主要有人员影响因素、设备影响因素、环境影响因素及管理方法影响因素,见表4-1。

列车运行安全的影响因素　　　　　　表4-1

影响因素	细　　则
人员影响因素	1.司机技术业务素质:业务知识、文化素质、安全法规知识以及处理意外情况的知识和能力。 2.司机心理素质:人的心理过程和个性心理特征(如情绪、态度等)。 3.司机思想素质:劳动纪律、职业道德、安全观念等。 4.其他人员综合素质:乘客安全乘车、车站附近居民安全态度、安全常识等
设备影响因素	1.车辆因素:车辆在运营线路上发生故障,可能导致列车中断运行,也可能导致列车颠覆、脱轨,对乘客的人身安全造成影响。 2.线路因素:线路是行车的基础,只有其坚固稳定,并具有正确的几何形状,线路的平面和纵断面符合规范,才能确保机车车辆安全、平稳、不间断地运行。 3.供电因素:城市轨道交通供电系统是保障运营的动力来源。若断电,列车将不能运行。停电本身不会导致乘客的人身安全问题,但疏导不利,会造成乘客的拥挤、踩踏。 4.通信信号因素:通信信号系统是列车安全运行的重要辅助设备。若信号系统发生故障,列车运行的发车密度将会下降,可能导致乘客的拥堵、踩踏
环境影响因素	1.恶劣天气因素:风、雪、雷、电等恶劣天气对安全运行的影响是不可低估的。 2.社会大环境因素:乘客文明上下车、乘客文明乘车等社会大环境对列车安全运行也有一定影响
管理方法影响因素	1.制度因素:管理制度建立不够完善易造成安全运营管理的欠缺,产生一些令人措手不及的事故。 2.纪律因素:行车纪律不够严明,各种工作人员易玩忽职守,最终导致事故的发生。 3.与时俱进因素:城市轨道交通行业随着所在城市的发展而发展迅速,若行业的管理方法不能与时俱进,就易发生一些意外事故

2. 列车司机的安全准则

(1)只有合格的司机,才能驾驶列车。

(2)为安全起见,务必遵守现行的安全准则,包括特别指示、禁例、警告、规则和信号。

(3)司机驾驶前应熟悉所有操作元件的功能。

(4)当车库供电时,禁止站在车顶。

(5)确保进行车间电/气连接操作时没有供电和供气。

(6)在列车启动前必须断开与车间的电/气连接。

(7)车间电源插座无电时才能进行插拔。

(8)禁止司机打开高压箱或接触高压部件。

(9)当启动3节编组时,确保在半自动车钩处的贯通道完全分离。

(10)在开车之前,司机必须检查列车是否处于安全状态。

(11)站台门通道在任何时间都保持畅通。

(12)连挂和解钩时,严禁有人站在两车中间。

(13)必须了解消防设备的位置和使用方法,知道在紧急状态下的逃生方法。

(14)正线运营前,检查安全设备,如检查灭火器和紧急门闩是否处于良好状态。

(15)司机在离开驾驶室前必须停车。

(16)确保没有危及自身和他人生命安全的操作。

(17)保证工作地点的整洁卫生。

(18)一旦发现任何可能导致翻车和脱轨的危险因素(如脱轨器、喷油等),必须立即排除。

3. 列车正线运营安全规章

(1)轨道区域的作业仅在需要的情况下才能进行。

(2)个人在正线轨道上作业时,必须随时保持警惕,避免危险的发生。

(3)禁止在正线轨道上站立或行走,这是非常危险的。因为有些轨道是可以移动的,如折返线道岔区。

(4)禁止站在列车前面、后面或下面,防止发生意外。

(5)在列车上只能站在允许站立的地方,不得随意站在其他地方。

(6)避免被邻近轨道上行驶的车辆撞伤。

(7)当需要在轨道上作业时,应面对来车方向行走。

(8)不要影响信号显示,特别是信号灯的显示。

(9)司机必须对警告信号迅速做出反应。

三、车站作业安全

城市轨道交通车站是乘客上下车的主要场所。车站内部乘客聚集度高,若管理不当,将造成乘客拥堵、踩踏等事故,对行车造成很大的影响。城市轨道交通车站作业是指在行车调度员的统一调配下,协助司机及其他工作人员开展的行车组织工作。

1. 车站的安全工作职责

根据中华人民共和国交通运输部颁布的《城市轨道交通运营管理规定》(交通运输部令

2018年第8号)规定：

运营单位应当通过标识、广播、视频设备、网络等多种方式按照下列要求向乘客提供运营服务和安全应急等信息：

（1）在车站醒目位置公布首末班车时间、城市轨道交通线网示意图、进出站指示、换乘指示和票价信息；

（2）在站厅或者站台提供列车到达、间隔时间、方向提示、周边交通方式换乘、安全提示、无障碍出行等信息；

（3）在车厢提供城市轨道交通线网示意图、列车运行方向、到站、换乘、开关车门提示等信息；

（4）首末班车时间调整、车站出入口封闭、设施设备故障、限流、封站、甩站、暂停运营等非正常运营信息。

2．车站安全隐患

城市轨道交通车站安全工作的隐患见表4-2。

城市轨道交通车站安全工作的隐患　　　　　　表4-2

行　　为	可能存在的隐患	采取的行动
出入口和地面站		
在运营开始/结束时，开关出入口的卷闸门或折叠门	在手动操作时，可能扭伤员工的手腕和手指	（1）小心行动； （2）接受正确的培训； （3）穿戴合适的手套； （4）用恰当的姿势
摆放/挪动防洪板	可能扭伤员工后背	用正确的人力抬举方式搬运沉重物品
站厅		
装卸硬币钱箱	扭伤员工的手背或后背	用双手操作，一手握手柄，一手托住底部
将硬币钱箱转移到手推车		
推动手推车过盲道	扭伤员工的手腕	避免将手推车推到盲道上前进
实施急救	可能接触血液	穿戴公司提供的标准手套
搬运车票	可能扭伤后背、手腕	运送适量的车票
帮助乘客搬运行李	搬运行李过程中受伤	用合适的姿势

续上表

行　　为	可能存在的隐患	采取的行动
车站设备区		
设备区巡查	独自执行巡查时受伤而别人不知道	(1)到设备区巡查前通知值班站长； (2)必须携带手机,与综控室保持联络
搬运沙包	扭伤后背	用正确的人力抬举方式搬运沉重物品
站台		
更换头、尾端墙警告牌	可能割伤员工手指	穿戴手套
处理车门故障时隔离车门	扭伤手腕	请求车辆段对设备润滑
轨道		
处理有人被车撞倒事故	头可能磕到列车底部	穿戴安全帽
安放接地线	触电	(1)使用验电器； (2)依照程序安放和撤除接地线
受指派到轨道查看道岔和手摇道岔	在下雨天可能滑倒	(1)穿着绝缘靴； (2)携带手电筒； (3)提高警觉性

想一想

地铁在运营过程中存在哪些安全隐患？

3. 车站行车安全工作的管理方法

城市轨道交通车站安全管理工作是伴随着车站的正常工作而开展的。在行车方面,车站的主要工作有列车运行控制、车站施工组织管理、客流控制等,各项作业均涉及行车安全。对应以上工作,车站行车安全工作的管理方法如下。

(1)列车运行安全管理

城市轨道交通行车组织工作是依据"行车调度员—列车司机"二级管理模式,车站辅助行车工作。根据行车组织控制方式的不同,车站行车安全工作也会发生相应的改变,见表4-3。

不同行车组织控制方式下的车站行车安全工作 表 4-3

行车组织控制方式	车站行车安全工作
调度集中控制	监护行车运营状态
自动控制	监护行车运营状态； 人工作业列车折返、进路排列
半自动控制	列车运行控制； 按照指令调整列车运行； 人工接发列车作业
非正常情况	按照指令，人工接发列车、调车作业

（2）施工作业安全管理

城市轨道交通车站不仅是乘客的聚集区，而且是行车设备安置的聚集区。在车站内，安放着供电、信号、通信、监控、线路等行车设备。设备的维护、维修需要有专门人员进站施工。车站有必要开展与其相对应的施工作业安全管理工作，对所有驻站、派驻人员开展安全管理工作，包括施工计划制订、进站核查、进站人员安全教育、作业评估、效果检验、登记备案等。以承包商人员进站施工为例，车站相应的工作流程见表 4-4。

车站对承包商人员进站管理程序 表 4-4

步骤	行　　动
	在承包商开始作业前
1	要求合格人员出示公司发放的有效证件
2	检查完公司发放的证件后，在安全运维管理系统（SOMS）中核查作业申请人是否为合格人员
3	如果确认是合格人员，则向承包商了解以下内容： (1) 作业种类； (2) 作业中所需的专门设备； (3) 作业位置； (4) 作业的开始和结束时间； (5) 此项作业产生的影响
4	确保此项作业： (1) 不会影响到安全； (2) 最小限度地影响车站的正常运营。 注意：该项作业在值班站长未同意前不得开始
5	在 SOMS 中记录以下细节： (1) 承包商的姓名和身份证号码； (2) 承包商公司名称； (3) 作业的地点； (4) 作业的描述；

续上表

步骤	行　动
5	（5）明确的注意事项； （6）明确的开始、结束时间
6	要求合格人员进行签认
	在作业完成后、承包商注销前
7	（1）检查受影响的设备是否正常作业； （2）确保维护地点人员撤离,没有遗留的物料、垃圾等
8	检查作业地点,以确保： （1）作业地点干净整洁； （2）作业地点能继续安全地正常运营
9	在 SOMS 中记录以下细节： （1）合格人员姓名； （2）承包商人员姓名； （3）作业完成时间
10	要求合格人员再次签认

（3）大客流控制安全管理

大客流的出现会对城市轨道交通行车组织工作造成一定的影响。当出现或预感可能出现大客流时,车站必须采取相应的安全管理工作,通过客流管理、车站清人、阻止乘客进站等方式,将大客流对行车安全的影响降至最低。

四、调车作业安全

调车作业是城市轨道交通行车组织工作中的一个重要组成部分,包括列车解编、摘挂、取送以及出入段等。

1. 调车作业安全的重要性

由于调车工作条件不同、工作对象不固定以及参加调车工作人员较多,调车工作是城市轨道交通行车组织工作中比较复杂、技术性较强的工作。也可以说,调车工作是城市轨道交通运营的基础,也是行车组织工作的基本环节。

由于调车工作频繁、技术性强、作业复杂,稍有不慎就会发生冲突、脱轨、挤道岔,造成人身伤亡。根据城市轨道交通以前发生的事故来看,很多事故都发生在调车工作中。由此可见,提高调车组织工作水平,严格遵守规章制度,提高调车人员的技术水平,采用先进的调车工具和设备,提高调车效率,有助于确保调车安全,为线路的行车安全提供保障。

2. 调车作业安全的要求

（1）坚持"统一领导、单一指挥"的原则

①统一制订车辆段内调车作业计划。车辆段信号楼值班员根据车场线路、运营计划、内

燃机车或电动客车的情况制订统一的调车作业计划。调车作业人员须按照调车作业计划单执行,不得擅自改动。

②统一安排站内调车。站内调车应由列车运行图编制部门在运营时间内,根据调车作业程序和作业时间,在编制列车运行图时统一安排。

③调车指挥人单一指挥。调车指挥人是调车作业的组织者和指挥者,调车作业人员须听从其安排。行车值班员、信号楼值班员熟悉调车的各项规定及车站(车场)的线路、道岔、信号等设备情况,并会显示手信号,因此他们是调车指挥人的最佳人选。

(2)编制合理、安全的调车作业计划

①分门别类地编制调车作业计划。车场调车作业由信号楼值班员根据生产计划制订调车作业计划,但制订计划时必须做到不影响列车运行图正常执行;出段到运行线担当运营任务和执行完运营任务的电动客车回段的调车,由列车运行图编制部门根据客流、车辆检修作业等情况进行综合考虑、妥善安排;站内调车应由列车运行图编制部门在运营时间内,根据调车作业程序和作业时间,在编制列车运行图时统一安排;越出站界调车由行车调度员单独制订计划。

②有序地变更调车计划。调车计划制订后,一般就不再更改。但在遇到必须变更的情况时,应立即停止调车作业,由调车计划制订者做出变更计划,以书面或口头形式下达到调车组,调车组必须按新的调车计划实施。

(3)细致地进行调车作业前准备

调车作业前的准备工作主要有以下内容:

①核对调车计划,使调车人员协同一致,做到准确无误。

②对电客车和内燃机车进行技术检查,确保车辆性能良好。

③对其他调车设备和备品进行检查,保证调车作业安全顺利地进行。

④确认进路,检查线路、道岔、停留车位置,确认线路是否空闲。

(4)严格按照显示信号调车

连接车辆时,注重显示信号。当连挂车辆与被挂车辆距离不足60m时,显示"二、一车"信号;不足40m时,显示"一车"信号;不足20m时,仅显示连挂信号。司机在每次显示距离信号后,均应立即鸣笛回示,并按规定速度运行,与调车指挥人密切配合,安全、迅速地进行调车作业。

(5)严格控制调车速度

调车速度对调车作业的安全和效率至关重要,超速调车会危害作业的安全,不适当地降低速度则会影响作业效率。因此,要求调车作业必须准确地掌握速度,遵守以下规定:

①调动载有乘客的车辆,规定最大限制速度为15km/h。

②接近被连挂车辆的最佳速度为3km/h。

③遇到降雨、降雪等恶劣天气时,应在原规定限制速度的基础上,适当降低速度。

④在尽头线上调车时,距线路终端应有10m的安全距离。必须进入安全距离时,调车指挥人应通知司机严格控制速度,以保证安全。

(6)其他调车安全要求

①禁止使用溜放调车。

②在车站(车辆段)内采用手推调车时,必须在手制动机作用良好、能确保随时停车的条件下进行。

③禁止两组车组或列车同时在同一条股道上相对移动。

④在调车作业中,应按作业计划办理调车进路,进路办好后,原则上不得取消进路。

五、行车调度安全

城市轨道交通系统是一个大联动系统,具有高度集中、各个工作环节紧密联系和协同动作的特点。城市轨道交通行车组织工作实行"行车调度员—列车司机"二级管理模式,车站行车值班员辅助行车工作。其中,行车组织工作由行车调度员统一指挥;列车运行由列车司机负责;车站的行车工作由车站行车值班员负责;车辆段的行车工作由信号楼值班员与运转室值班员共同负责。

在整个行车组织工作中,整体调度工作由行车调度控制中心(OCC)实施,实行高度集中统一指挥,以便于各个环节紧密配合、协调工作。行车调度安全是整个行车安全的核心,若管理不当,势必会影响行车安全。

1. 行车调度工作的任务

行车调度工作的基本任务如下:

(1)严格按列车运行图组织行车,遇列车偏离列车运行图时,应积极采取措施,尽快恢复正点运行。

(2)随时掌握客流变化,及时调整列车运行。

(3)及时、正确地处理临时发生的问题。

(4)检查各站执行列车运行图的情况,及时发布有关调度命令和口头指示。

(5)合理组织各种施工作业。

(6)正确填写各种报表。

2. 行车调度员的岗位职责

行车调度员的岗位职责如下:

(1)负责组织列车运行图的实施,遇列车偏离列车运行图时,及时调整列车运行,尽快恢复正点运行。

(2)及时发布有关行车命令及各种控制命令。

(3)监视列车在站到发、区间运行情况及设备运转状态。

(4)及时、妥善地处置运营线路上发生的突发事件。

(5)随时掌握客流变化,及时调整列车运行间隔。

(6)及时向有关部门反馈信息。

(7)做好与其他运营线间的工作联系。

(8)负责安排施工列车的开行及施工命令的下达工作。

(9)正确填写各种报表。

3. 行车调度安全工作的要求

保证行车安全是城市轨道交通行车调度的主要职责,为了实现安全指挥,行车调度必须遵守以下基本要求：

(1)严格执行各岗位职责,严禁串岗。城市轨道交通行车调度工作设有调度总指挥员、高级调度管理员、行车调度员、电力调度员等岗位。各岗位之间须严格执行各自岗位的职责,严禁串岗执行他人或他岗的职责,防止出现多级领导下达命令的状况,保证调度指挥的安全性和权威性。

(2)遵守"安全第一,预防为主,以人为本"的原则。

(3)加强调度员技术业务水平。调度员要重视技术业务的训练和提高,加强业务学习,掌握扎实的调度工作技术,熟知运营全过程和行车有关各部门的分工及协作,掌握处理各种行车意外情况和行车事故的方法,在实践中不断锻炼,增长自身的能力和才干。

(4)科学发布调度命令。调度命令是调度员在行车工作中对有关行车人员发出的指示或指令,其正确、有效与否直接影响行车安全。具体要求如下：

①调度命令只能由值班行车调度员发布。

②调度命令内容应简明扼要,术语标准,不得任意简化。

③调度命令须直接发布给命令执行人。若无法直接发布时,应以书面命令形式转交。

④发布调度命令时,须指定受令人员中一人复诵,并认真核对受令人员的复诵内容,发现错误及时更正。

⑤行车调度员发布调度命令,须使用调度电话。若调度电话发生故障,须使用带有录音功能的电话。

单元4.2 维修施工作业安全

一、维修施工作业安全的意义

城市轨道交通系统是一个大联动系统。通过员工、设备、制度、物料等环节的紧密配合,为乘客提供安全、迅速、准确、便利、文明的客运服务。在运营服务过程中,需定期对系统中的设备、物料进行更新、维护、维修、更换等施工作业。施工作业的效率、效果直接影响城市轨道交通系统的运营。只有做好施工组织工作、确保施工安全,才能保证城市轨道交通系统设备、物料等符合技术标准,从而保证城市轨道交通系统的正常运营。

目前,我国拥有轨道交通的城市都是国际化程度较高、社会经济发展较快、人口密度较大、城市交通出行存在一定困难的城市。这些城市的轨道交通系统一旦出现较大问题,势必会影响城市交通,给乘客出行带来不便,给人民生命财产造成损害。而在维修施工作业中一旦发生事故,势必会影响城市轨道交通系统的运行,进而可能引发上述的一系列问题。

因此,要高度重视维修施工作业安全管理,从而为城市轨道交通安全运营提供良好的基础和保证。

二、施工组织管理

1. 施工时间管理

(1)严格按照施工计划完成施工作业。

(2)以下施工需在特定时间段内进行,并且在施工前得到运营部门批准。

①会影响信号设备的安全或控制。

②可能导致配电网络负荷过重。

③妨碍正线主控制系统的正常操作。

④妨碍通信设备的正常操作。

⑤妨碍列车运作。

⑥导致轨道不能安全行车。

2. 车站内施工组织程序

从运营安全的角度考虑,所有在车站内施工的工程,均需按照表 4-5 所示程序组织。

车站内施工组织程序　　　　　表 4-5

步骤	负责人员	行　　动
第一步	施工负责人	在车站进行任何工程之前,向值班站长报告
第二步	值班站长	(1)确保所提出的安排不会对安全构成影响,只会对车站的正常运作造成最少的妨碍; (2)若满意安排,进行第三步;若不满意安排,不得施工
第三步	施工负责人	若工程会影响列车运行,则联络行车调度员,决定如何解决;若工程不会影响列车运行,按照双方同意的计划进行施工
第四步	施工负责人	竣工后,通知值班站长

3. 施工组织管理规定

(1)为确保施工作业的顺利进行,各单位进行需要其他单位配合的施工作业时,施工结束前,该单位施工负责人须留在现场;涉及多家单位共同进行的施工,施工结束前,各单位施工负责人须留在现场,协调有关事宜。

(2)外单位在地铁运行线路上进行的施工,须由地铁业务对口单位对其施工人员进行教育并派出施工负责人后,方准施工。

(3)经批准的施工,施工开始前,施工负责人须与行车调度员联系确认。

三、施工安全管理

1. 施工作业安全基本要求

(1)在设备上施工时,所有作业人员必须获得特定的认可资格,并在获批准的地点工作。

(2)站内或站间线路施工时,需在施工区域两端上设置红闪灯防护。

(3)在施工工程中必须妥善摆放设备,以免发生意外。对于梯子、手推车等设备,在不用时可以挪开或用锁固定住。

(4)任何情况下,不得在供电设备房或其他有电气装置的房间存放未获批准的物品。

(5)除非获得特许,否则不得在城市轨道交通运营范围内存放易燃易爆物品。

(6)在轨道上或在其附近工作的员工必须穿着荧光服,并确保随身的衣物不会被任何设备钩到。

(7)当发现设备或工具有损伤时,所有作业人员必须将其移离工作区域。

(8)施工作业过程中如需动火作业,必须事前办理有关动火手续,并在动火过程中,注意乘客的安全,最大限度地减少对乘客的影响。

2. 现场施工安全管理规定

(1)施工人员应严格按施工计划限定的时间、区段进行作业。

(2)遇特殊情况需延长施工时间时,施工负责人应提前30min向相关专业调度员请示,相关专业调度员得到总调度员批准后方可延长施工时间。

(3)施工人员应按规定做好施工防护,确保安全。

(4)施工人员须严格履行施工登记注销手续。

(5)施工结束后,施工人员须清理好现场,将所动用的设备恢复到正常行车条件并清点人员后,方准撤离施工现场。

四、开行工程车管理

1. 工程车运作规定

(1)工程车原则上只准按线路规定的使用方向并按闭塞方式运行。

(2)工程车不得在任何有信号指示的轨道上行走,除非该车辆为列车的一部分,或运行轨段已申请成为施工领域。

(3)工程车的开行必须由持有合格证书的人员操作。

(4)工程车运作前,车辆检修工作人员要对机车及连挂车辆的技术状态做必要的检查,保证技术状态及制动作用良好。

(5)若需在最后一列电动列车驶过之后将工程列车驶至工地,行车调度员必须确保在不影响接触轨电流关断的情况下,安排该工程列车尾随最后一列电动列车驶至工地。

(6)工程车回段必须在接触轨通电之前。

2. 工程车装卸物品规定

(1)施工负责人对连挂车辆装载的货物进行检查,确保装载牢固,并不得超出规定的车辆限界,经司机检查确认后方准运行。

(2)工程车进行装卸或铺设电缆时,车速不得超过5km/h。

(3)工程车不可在有接触轨的轨道上装卸物品,除非已关断接触轨电流并将设备接地。

(4)工程车停定进行装卸时,司机不得开动工程车。

(5)物品装卸完毕后,司机须鸣笛表示列车即将开动。

单元4.3 调试、试验安全

一、调试、试验安全概述

城市轨道交通系统运营过程中,会引进部分新设备、新技术、新科技。如果新设备、新技术、新科技运用得好,整个系统的安全运营工作将提升一个台阶;反之,则会给城市轨道交通系统的安全运营带来隐患,甚至会导致事故。

因此,凡需要投入使用的设备,都需要进行安全调试、试验,再进行规范的安装、使用。设备从购进到投入使用这一过程中安全管理的重点是,保证设备安装符合有关的安全技术规范,检查、审核设备及生产。要求整个安装、调试过程都在受控状态下进行,对每一项施工工序进行安全验收并签署验收凭证,认定安全合格、手续完备后,方可投入正式使用。

二、调试、试验实施过程管理

设备调试、试验实施过程应满足以下要求。

1. 开箱验收

新设备到货后,由设备管理部门会同购置单位、使用单位(或接收单位)进行开箱验收,检查设备在运输过程中有无损坏、丢失、附件、随机备件、专用工具、技术资料等是否与合同、装箱单相符,并填写设备开箱验收单,存入设备档案。若设备有缺损或不合格现象,应立即向有关单位交涉处理,索取或索赔。

2. 设备安装施工

按照工艺技术部门绘制的设备工艺平面布置图及安装施工图、基础图、设备轮廓尺寸以及相互间距等要求画线定位,组织基础施工及设备搬运就位。在设计设备工艺平面布置图

时,对设备定位要考虑以下因素:

(1)应适应工艺流程的需要。

(2)应方便于工件的存放、运输和现场的清理。

(3)应确保设备及其附属装置的外尺寸、运动部件的极限位置及安全距离适当。

(4)应满足设备安装、维修、操作安全的要求。

在安装过程中,对基础的制作,装配连接、电气线路等项目的施工,要严格按照施工规范执行。安装工序中如果有恒温、防振、防尘、防潮、防火等特殊要求时,应采取相应的措施,只有条件具备后,才能进行该项工程的施工。

3. 设备试运转

设备试运转一般可分为空转试验、负荷试验和精度试验三种。

(1)设备的空转试验。为了考核设备安装精度的保持性、设备的稳固性等有关各项参数和性能,应在无压力运转状态下进行。一定时间的空负荷运转是新设备投入使用前进行磨合的不可缺少的步骤。

(2)设备的负荷试验。试验设备在数个标准负荷工况下进行试验。

(3)设备的精度试验。一般应在负荷试验后按说明书的规定进行,既要检查设备本身的几何精度,也要检查工作(加工产品)的精度。

4. 设备试运行后的工作

首先,断开设备的总电路和动力源;然后,做好下列设备检查、记录工作:

(1)磨合后对设备进行清洗、润滑、紧固,更换或检修故障零部件并进行调试,使设备进入最佳使用状态。

(2)整理设备几何精度、加工精度的检查记录和其他机能的试验记录。

(3)整理设备试运转中的情况(包括故障排除)记录。

(4)对于无法调整的问题,分析原因,从设备设计、制造、运输、保管、安装等方面进行归纳。

(5)对设备运转给出评定结论、处理意见,办理移交手续,并注明参加试运转的人员和日期。

5. 设备安装工程的验收与移交使用

(1)设备基础的施工验收由质量检查员会同施工员进行验收,填写验收单。

(2)设备安装工程的最后验收,在设备调试合格后进行。

(3)设备验收合格后办理移交手续。

(4)设备移交完毕,由设备管理部门签署设备投产通知书,并将副本分别交设备管理部门、使用单位、财务部门、运营管理部门。

想一想

城市轨道交通车站需要安装一批新的 AFC 设备,我们应该如何操作?

三、调试、试验的安全

设备安装调试中的安全包括设备安装施工中的安全、设备试运行安全和设备自身的安全状况。设备安装施工和试运行的安全应按有关作业和运行操作安全要求进行,下面仅分析对设备自身安全状况的要求。

设备安装好后,应逐项检查设备的安全状态及性能是否符合要求。检查的安全项目包括静态和动态两方面。其中,静态检查项目在设备不运行的条件下进行,如设备表面安全性、安全防护装置的工作性能与可靠性、设备运行中粉尘和毒物、易燃等物体的产生情况等。设备安装调试的安全检查除了上述设备外,还应检查下列各项。

1. 控制装置

当动力源发生异常(偶然或人为地切断或变化)时,控制装置应保证不会造成危险,即使系统发生故障或损坏时,也不致造成危害。

必要时,控制装置应能自动切换到备用动力源和备用设备系统。自动或半自动控制系统应设有必要的保护装置,以防止控制指令紊乱。同时,在每台设备上还应辅以能单独操纵的手动控制装置。

2. 安全防护装置性能

安全防护装置应符合产品标准规定的可靠性指标要求,应便于调节、检查和维修,并不得成为危险源。避免在安全防护装置和可动零部件之间产生接触危险,所有安全显示与报警装置都应灵敏、可靠。电气设备接地和防雷接地必须牢固可靠,接地电阻符合规范标准要求。

3. 尘、毒产生情况

凡工艺过程中能产生粉尘、有害气体和其他毒物的生产设备,应尽量采用自动加料、自动卸料和密闭的装置,吸收、净化、排放的有毒有害物浓度符合国家标准规定。对于有毒、有害物质的密闭系统,应避免跑、冒、滴、漏。必要时,应配置监测、报警装置。对生产过程中产生严重尘、毒的生产设备,必须安装可靠的事故处理装置并采取应急防护措施。

4. 噪声和振动设备

必须在产品标准中明确规定噪声、振动指标限值,并采取有效防治措施。对固有强噪声、强振动设备,宜设置隔离或遥控装置。设备噪声、振动应符合标准限值的规定。

5. 防火与防爆性能

生产、使用、储存和运输易燃易爆物质和可燃物质的生产设备,应根据其燃点、闪点、爆炸极限等不同性质采取相应的预防措施,包括:实行密闭,严禁跑、冒、滴、漏;配置监测报警、防爆及消防安全设施;避免摩擦撞击,消除接近燃点、闪点的高温因素,消除电火花和静电积聚;设置惰性气体置换及保护系统,设置水封阻火器等安全装置等。

6. 操作人员作业的安全性

生产设备上供操作人员作业的位置应安全可靠,其工作空间应保证操作人员的头、臂、

手、腿、足在正常作业中有充足的活动余地,危险作业点应留有足够的退避空间。作业空间满足以下要求:

(1)保证操作人员的作业安全、方便和舒适。

(2)应采用防火材料,其门窗透光部分应采用易清洗的安全材料制造,并应保证操作人员在作业空间内就能擦拭。

(3)应具有防御外界有害作用(如噪声、振动、粉尘、毒物、热辐射和落物等)的良好性能。

(4)作业空间应保证操作人员在事故状态下能安全撤出。

单元4.4 机械安全

机械的安全性是指机械在按照预定使用条件下,执行预定功能,或者在运输、安装、调整时不产生损伤或危害健康的能力。

一、通用机械安全的基本知识

机械对人体的伤害是由于机械的动能和势能产生的。机械对人体造成的直接伤害主要有夹伤、撞伤、切伤、擦伤、轧伤、卷入伤害、飞出物伤害等。预防机械伤害的主要途径是通过设计实现本质安全及加装安全防护装置来完成的。

1. 在设计阶段采取措施消除危险

在设计控制装置及操作装置时,应遵守如下要求:位置正确,类型合适,避免无意启动,方向合理(部件的运动方向与机械整体的运动相协调),具有明显的识别特性(大小、颜色、感觉等)。

(1)本质安全

本质安全是指机械的设计者,在设计阶段采取措施来消除机械危险的一种机械安全方法。例如,车站站台门在设计阶段就把站台门中间闭合处直接镶嵌上橡胶装置,防止发生站台门将乘客夹伤的事故。

(2)失效安全

设计者应保证机械发生故障时不会发生危险。

这类装置包括操作限制开关、预设制动装置,设置把手和预防下落的装置、失效安全的限电开关等。

(3)定位安全

把机械的部件安置到不可能触及的地点,通过定位达到安全。但设计者必须考虑在正常情况下不会触及的危险部件,在某些情况下可能会接触到,如登着梯子对机械进行维修等情况。

(4）机械布置

车间合理的机械安全布局可以使事故明显减少。安全布局要考虑如下因素：

①空间,要便于操作、管理、维护、调试和清洁。

②照明,包括工作场所的通用照明（自然光及人工照明,但要防止眩目）和操作机械所需的照明。

③管、线布置,不要妨碍在机械附近的安全出入,避免磕绊,有足够的上部空间。

④维护时的出入安全。

2. 加装安全防护装置

在无法使用设计做到本质安全时,为了消除危险,要使用安全装置。加装安全装置要考虑如下四方面因素：

（1）安全装置的强度、刚度、稳定性和耐久性。

（2）对机械可靠性的影响,如固体的安全装置有可能使机械过热。

（3）可视性（从操作及安全的角度来看,有可能需要机械的危险部位有良好的可视性）。

（4）对其他危险的控制,如选择特殊的材料来控制噪声的强度。

3. 机械安全防护装置的一般要求

（1）安全防护装置应结构简单、布局合理,不得有锐利的边缘和凸缘。

（2）安全防护装置应具有足够的可靠性,在规定的寿命期限内有足够的强度、刚度、稳定性、耐腐蚀性、抗疲劳性,以确保安全。

（3）光电式、感应式等安全防护装置应设置出现故障时的报警装置。

（4）紧急停车开关应保证瞬时动作时能终止设备的一切运动。对有惯性运动的设备,紧急停车开关应与制动器或离合器联锁,以保证迅速终止运行。紧急停车开关的形状应区别于一般开关,颜色为红色。紧急停车开关的布置应保证操作人员易于触及,且不发生危险。当设备由紧急停车开关停止运行后,必须按启动顺序重新启动才能重新运转。

4. 对机械设备安全防护罩、网的技术要求

（1）对机械设备安全防护罩的技术要求

①只要操作人员可能触及活动部件,在防护罩没闭合前,活动部件就不能运转。

②当采用固定防护罩时,应确保操作人员触及不到运转中的活动部件。

③防护罩与活动部件间有足够的间隙,避免防护罩和活动部件之间的任何接触。

④防护罩应牢固地固定在设备或基础上,拆卸、调节时必须使用工具。

⑤开启式防护罩打开时或一部分失灵时,应使活动部件不能运转或运转中的部件停止运动。

⑥使用的防护罩不允许给运营场所带来新的危险。

⑦不影响操作。在正常操作或维护时,无须拆卸防护罩。

⑧防护罩必须坚固可靠,以避免与活动部件接触造成损坏或因工件飞脱造成伤害。

⑨一般防护罩不准脚踏和站立,必须作平台或阶梯时,应能承受1500N的垂直力,并采取防滑措施。

（2）对机械设备安全防护网的技术要求

当现场需要采用网状结构时,应满足不同网眼开口尺寸的安全距离(防护网外缘与危险区域——人体进入后,可能引起致伤危险的空间区域)规定,见表4-6。

不同网眼开口尺寸的安全距离(单位:mm)　　　表4-6

防护人体通过部位	网眼开口宽度 (直径及边长或椭圆形孔短轴尺寸)	安 全 距 离
手指尖	<6.5	≥35
手指	<12.5	≥92
手掌(不含第一掌指关节)	<20	≥135
上肢	<47	≥460
足尖	<76(罩底部与所站面间隙)	150

二、机械安全

城市轨道交通系统是人和机械联合工作的系统。城市轨道交通运营安全依赖于机械设备的正常、安全工作。它们具有价格昂贵、现代化程度高、技术精良、工作场所特殊等特点。城市轨道交通系统机械安全主要分为机械设备动力站房的安全与机械设备使用安全。

1. 机械设备动力站房的安全

城市轨道交通系统的动力主要源于电力,另外在部分老线路或者高架线路上拥有锅炉系统。因此,机械设备动力站房的安全主要分变配电所与锅炉系统的安全。

1）变配电所的安全

（1）危险点概述。这里主要介绍10kV以下(含10kV)的变配电所。

在城市轨道交通系统中,变配电所是运营的心脏。如果电力供应不正常,不仅使整个运营活动不能正常进行,有时还会因突然断电而发生火灾事故。如果变配电系统中继电器和自动装置不能起到预定的保护作用,不仅会造成高压断路器在短路事故中不动作,出现越级跳动闸,从而影响上一级或更大范围的供电系统停电,还可能会给整个运营生产带来毁灭性的灾害。

（2）安全技术管理要求。

①有关变配电所的技术资料、试验报告及测试数据完整。

a. 高压供电系统图,高压、低压电力配电图及继电保护控制图。

b. 供电系统平面布置图。图中注明变配电所位置、架空线路及地下电缆的走向坐标、编号、型号、规格、长度、杆型和敷设方式。

c. 高低压配电室、变压器室、电容器室的平面布置,设备安装及变压器储油池和排、挡油装置的土建设计,设备安装图。

d. 降压站、中央变电所、高压配电室及各分变电室的接地网络和接地体设计施工的地下隐蔽资料。

e. 具有变配电所及发电站中主要电气设备的使用说明书、产品合格证、日常检修和技术资料以及运行记录。

f. 主要电气设备设施和安全用具及防护用品,本周期的预防性电气试验报告和测试数据(包括绝缘强度、继电保护、接地电阻等项目)。

②变配电所环境。

a. 变配电所与其他建筑物间消防通道应畅通无阻。

b. 变配电所与爆炸危险场所、腐蚀性场所应有足够的间距。

c. 变配电所地势不应低洼,应无漏雨,防止雨后积水。

d. 变配电所应设置100%变压器油量的储油池或排油设施。

e. 变电配电室之间门的开向:变电配电站门应向外开;高低压配电室之间的门应向低压侧开;相邻配电室的门应双向开。

f. 门窗及孔洞应设置网孔小于10mm×10mm的金属网,防止小动物蹿入。变配电站外部开启的窗,以及自然通风、机械通风孔洞等处都应用金属网或建筑材料封闭,重点应放在高压侧。

③变压器。

a. 油标油位指示清晰,油色透明无杂质,变压器各部位不渗漏,变压器油有定期检验、试验报告。

b. 变压器运行温度低于85℃。

c. 绝缘和接地故障保护完好可靠,有完整的检测资料。

d. 瓷瓶、套管清洁,无裂纹、无放电痕迹。

e. 变压器运行过程中无异常响声或放电声。变压器在正常运行时会发出轻微的、有规律的"嗡嗡"声。如果发现声音不平稳、无规律或出现异常"噼啪"放电声,应判定变压器内发生异常情况。

f. 使用规定的警示标志和遮栏。变压器室或车间及露天变压器安装地点附近应设置标明变压器室编号或名称、电压等级的标牌,并挂有国家电力统一标准的警示标志,如"高压危险"等,以提醒人员对要害部位加以注意。为防止工作人员触碰或过分接近带电体,保证检修或运行的安全距离,应加设遮栏、护板、箱闸,其安全距离应符合现行《20kV及以下变电所设计规范》(GB 50053)规定要求。其遮栏高度不低于1.7m,固定遮栏网孔不应大于40mm×40mm。对于移动遮栏,建议选用非金属材料,其安全距离不变。

④配电间及电容器间。

a. 所有的瓷瓶、套管、绝缘质应清洁、无裂纹。

b. 所有的母线应整齐、清洁,接点接触良好,相序色标明显,连接可靠且无过热现象。

c. 各类电缆及高压架空线路的敷设符合安装规程,电缆头处表面清洁、无漏油,接地(接零)可靠。

d. 断路器应为国家许可生产厂的合格产品,有定期维修试验记录;油开关油位正常,油色透明无杂质,无漏油、渗油现象。

e. 操动机构应为国家许可生产厂的合格产品,有定期检修记录;操纵灵活,联锁可靠,脱扣保护合理。多电源供电或自有发电必须加装联锁保护装置。

f. 所有的空气开关灭弧罩应完好,灭弧罩齐全有效,触头平整,接触良好。

g. 电力容器外壳无膨胀、无漏油现象。电容器应有保护装置。电容器室应通风良好。

h. 接地保护可靠,并有定期试验记录。

这里的接地包括两项内容:第一,变电所本身必须有一个完整的接地系统、可靠的接地体、焊接牢固的接地网和便于测量接地体电阻值的连接点。其接地电阻应符合不同用途、不同电压的电气设备接地要求。第二,高低压配电室内的各种设备、设施所有应接地部位必须与接地系统可靠地连接,并提供接地系统图及地下隐蔽工程技术资料以及电力部门定期检测报告。

i. 应有规定的警示标志及工作操作标志:变电所、配电室内外要有提示要害部位带电危险的警示标志,如"变配电所,闲人免进""止步高压危险""禁止攀登,高压危险"等标志;电力设备操作手柄或机构上操作提示标志,如"禁止合闸,有人工作""已接地"等提示标志;电力设备上有表明已送电或已带电的指示灯、指示用仪表和音响报警、信号装置。

j. 各种安全用具应完好可靠,有定期检测资料并存放合理。

变配电间内的各种通道符合安全要求。例如,高压配电室各种通道最小宽度;低压配电屏前、后通道最小宽度;变压器室墙壁间的最小间距,都应符合现行《20kV及以下变电所设计规范》(GB 50053)中有关条款的规定。

在同一配电室内单列布置高、低压开关柜,顶部有裸露带电导体时,两者的间距不应小于2m。

当高压配电装置长度大于6m时,其柜(屏)和通道应设两个出口。当低压配电装置两个出口间的距离超过15m时,应增加出口。

当电源从柜(屏)后进线,需在柜(屏)正背后墙上分设隔离开关及手动机构时,柜(屏)后通道净宽应不小于1.5m。

2)锅炉系统的安全

以下主要介绍承受压力的、以水为介质产生蒸汽的固定式锅炉。

(1)危险点概述。锅炉是能源转换设备,它的一部分构件既受到高温烟气和火焰的烘烤,又承受较大的压力,且工作环境比较恶劣,所以是具有爆炸危险的特殊设备。

(2)安全技术管理要求。

①技术资料。

a. 出厂资料齐全,至少应包括质量证明书、合格证、锅炉总图、主要受压部件图、受压元件强度计算书、安全阀排放量计算书、安装使用说明书以及各种辅机的合格证书等。

b. 锅炉使用登记证必须悬挂在锅炉房内。

c. 在用锅炉必须持有锅炉定期检验证并在检验周期内运行。

②安全附件。

a. 安全阀:按规定配置,合理安装安全阀。安全阀结构完整、灵敏、可靠,每年检验、定压一次且铅封完好,每月自动排放试验一次,每周手动排放试验一次,并做好记录及签名。

b. 水位表:水位表安装合理,便于观察且灵敏、可靠。每台锅炉至少应装两只独立的水位表。额定蒸发量小于或等于0.2t/h的锅炉可只装一只水位表。水位表应设置放水管并接至安全地点。玻璃管式水位表应有防护装置。

c. 压力表:锅炉必须装有与锅筒(锅壳)蒸汽空间直接相连接的压力表;根据工作压力选用压力表的量程范围,一般应在工作压力的1.5~3倍;表盘直径不应小于100mm,表的刻盘上应画有最高工作压力红线标志;压力表装置齐全(压力表、存水弯管、三通旋塞),每半年校验一次,铅封完好。

③保护装置。

a. 水位报警装置:额定蒸发量大于或等于2t/h的锅炉,应装设极限高、低水位报警器和极低水位联锁保护装置。

b. 额定蒸发量大于或等于6t/h的锅炉,应装设超压报警和联锁装置。

c. 燃油、煤粉或以气体为燃料的锅炉应装设联锁保护装置。

d. 给水设备:给水设备应能保证安全可靠地供水。采用机械给水时应设置两套给水设备,其中必须有一套为蒸汽自备设备。

e. 水处理装置:可分为炉内和炉外两种。2t/h以下的锅炉可采用炉内水处理;2t/h以上的锅炉应进行炉外水处理。水质化验员应持证上岗,按规定进行取样化验、监控水质,并记录齐全。

f. 运煤设备(燃料输送系统):应符合有关规定要求,安全可靠,运行良好。

g. 除渣设备:应能满足有关规定要求,并保持整齐干净,不影响周围环境。

h. 通风设备:合理配置,运行良好,节能降噪,并根据锅炉特性装设联锁保护装置。

i. 炉体完好,构架牢固、严密完好,基础牢固。

j. 所有电气设施均应满足规定要求,合理配置,连接可靠,接地良好。

2. 机械设备使用安全

城市轨道交通系统的行车机械设备主要包括车辆、线路、机电设备、通信信号等。设备因设计、使用或自然老化等方面的原因,可能产生缺陷,进而导致故障的发生或存有事故隐患。

(1)车辆

车辆是城市轨道交通系统的载客工具,在保证准点、快速、舒适运营的同时,更要确保运营安全。

车辆在运营线路上发生故障,可能导致列车中断运行,也可能导致列车颠簸、脱轨,对乘客的人身安全造成影响。它对城市轨道交通系统运营安全的影响最大。

根据车辆故障的统计分析,总结其常用的改进措施包括:

①加强员工设备安全意识教育,对重点零部件死看死守。针对设备老化的情况,在没有更新车辆设备之前,检修部门应加强对车辆的监控,制定严格的维修维护措施;派出专人在运营线路上对车辆进行监控,及时向车间反馈故障信息。

②对老化车辆进行更换,用以提高车辆的安全性、可靠性、稳定性,降低车辆的故障率。

③车辆上加装安全监控设备,提高车辆自动化水平,防止在运营过程中因司机误操作导

致行车事故。

④确保车辆零部件牢固、无松动、无裂纹,部分需闭合的设备锁闭功能良好。例如:制动装置功能完好,施加和缓解动作正常;牵引装置安装牢固,无变形与脱落的危险;空气压缩机安装密封,无空气和润滑油泄漏;等等。

(2)线路

线路是城市轨道交通行车的主要设备。如果线路出现问题,可能导致车辆脱轨等重大事故的发生,影响乘客的安全。

线路主要由钢轨、轨枕、道床、道岔、连接零件及防爬设备组成。线路必须坚固稳定,具有正确的几何形状,线路的平面和纵断面符合规范,才能确保车辆的安全、平稳、不间断运行。

线路的安全技术措施:

①制定列车限速标准,设置标志,保证线路满足列车安全运营标准。

②定期进行钢轨探伤,严格执行《工务维修规则》,保证及时发现线路的各种损伤,及时采取措施予以恢复。

③定期监测道床开裂、破损等问题,发现问题后应及时修复。

(3)机电设备

城市轨道交通系统机电设备功能强大、数量繁多、品种复杂,主要包括低压配电、照明、通风、空调、给排水、环控、防灾自动报警、电梯、扶梯、站台门、闸机等。

在机电设备的安全技术措施方面,主要通过加强对设备的巡视来确保设备的安全运行。在巡视过程中,工作人员可以对设备的故障、隐患进行排查,对于易发生故障的部分,应做到多查、多记录、多留意、勤更换等。除了加强平时的巡查、巡视、巡检之外,还要不断加强设备使用安全的教育,完善设备应急救援预案,加大应急救援演练,完善维修、维护规程,确保机电设备处于良性运行状态。

(4)通信信号

通信信号系统是列车运行安全的重要辅助设备。通信信号系统发生故障,本身不会导致发生乘客伤亡的事故。如果通信信号系统不能在短时间内排除故障,可以采用电话闭塞法行车,但会降低发车密度,降低运行效率。

信号系统由电气集中设备、列车自动监控系统、列车自动防护系统以及列车自动运行系统组成。通信系统由光纤数字传输系统、数字电话交换系统、闭路电视监控系统、无线通信系统以及车站广播系统等组成。

在通信信号系统中,信号设备、车载设备、电视系统、调度集中系统等较易发生故障,需要制定专门的规章制度,保证通信信号出现故障后能快速恢复。

单元4.5 电气安全

随着人类对电力能源的重视不断加强,电力设施与设备已与现代人类的工作与生活密不可分,电力甚至成为现代各行各业发展的基础或前提。但不可否认的是,由于种种原因,电力能源在带给人们工作与生活便利的同时,由电气设备产生的问题也给人类的生产与生活带来不少烦恼与损失,有时甚至酿成灾难。因此,保障电气安全不仅已成为各国电气操作与维护人员消除安全生产隐患、防止伤亡事故、保障职工健康及顺利完成各项任务的重要工作内容,同时也是电气专业工作者首要面临并要着力解决的课题。

一、电气安全基本知识

1. 电气安全工作的任务

(1)研究各种电气事故及其发生的机理、原因、规律、特点和防护措施。

(2)研究运用电气方法,即电气监测、电气检查和电气控制等方法来评价电力系统的安全性和解决生产中用电的安全问题。

2. 电气安全工作的内容

(1)研究并采取各种有效的安全技术措施。

(2)研究并推广先进的电气安全技术,提高电气安全水平。

(3)制定并贯彻安全技术标准和安全技术规程。

(4)建立并执行各种安全管理制度。

(5)开展有关电气安全思想和电气安全知识的教育工作。

(6)分析事故实例,从中找出事故原因和规律。

3. 保证用电安全的基础要素

(1)电气绝缘。保持配电线路和电气设备的绝缘良好是保证人身安全和电气设备正常运行的最基本要素。电气绝缘的性能是否良好,可通过测量其绝缘电阻、耐压强度、泄漏电流和介质损耗等参数来衡量。

(2)安全距离。电气安全距离是指人体、物体等接近带电体而不发生危险的可靠距离。带电体与地面之间、带电体与带电体之间、带电体与人体之间、带电体与其他设施和设备之间,均应保持一定距离。通常,在配电线路和变、配电装置附近工作时,应考虑线路安全距离、变、配电装置安全距离,检修安全距离和操作安全距离等。

(3)安全载流量。导体的安全载流量,是指允许持续通过导体内部的电流量。持续通过导体的电流如果超过安全载流量,导体的发热将超过允许值,导致绝缘损坏甚至引起漏电和发生火灾。因此,根据导体的安全载流量确定导体截面和选择设备是十分重要的。

(4)标志。明显、准确、统一的标志是保证用电安全的重要因素。标志一般有颜色标志、标示牌标志和型号标志等。其中,颜色标志表示不同性质、不同用途的导线;标示牌标志一般作为危险场所的标志;型号标志作为设备特殊结构的标志。

4. 安全技术方面对电气设备的基本要求

电气事故统计资料表明,由于电气设备的结构有缺陷,安装质量不佳,不能满足安全要求而造成的事故所占比例很大。因此,为了确保人身和设备安全,在安全技术方面对电气设备有以下要求：

(1)对裸露于地面和人身容易触及的带电设备,应采取可靠的防护措施。

(2)设备的带电部分与地面及其他带电部分应保持一定的安全距离。

(3)易产生过电压的电力系统,应有避雷针、避雷线、避雷器、保护间隙等过程电压保护装置。

(4)低压电力系统应有接地、接零保护装置。

(5)对各种高压用电设备应采取装设高压熔断器和断路器等不同类型的保护措施;对低压用电设备应采用相应的低电气保护措施进行保护。

(6)在电气设备的安装地点应设安全标志。

(7)根据某些电气设备的特性和要求,应采取特殊的安全措施。

5. 电气事故的类型

根据电能的不同作用形式,可将电气事故分为触电事故、静电危害事故、雷电灾害事故、射频电磁场危害事故和电气系统故障危害事故等。相关教学资源见二维码6。

二维码6
电气安全

(1)触电事故

①电击。电击是指电流通过人体,刺激机体组织,使肌肉非自主地发生痉挛性收缩而造成的伤害。严重时会破坏人的心脏、肺部、神经系统的正常工作,形成危及生命的伤害。按照人体触及带电体的方式,电击可分为以下几种情况：

a.单相触电。单相触电是指人体接触到地面或其他接地导体的同时,人体另一部位触及某一相带电体所引起的电击,如图4-1所示。根据国内外的统计资料,单相触电事故占全部触电事故的70%以上。因此,防止触电事故的技术措施应将单相触电作为重点。

b.两相触电。两相触电是指人体的两个部位同时触及两相带电体所引起的电击,如图4-2所示。两相触电的危险性一般比较大。

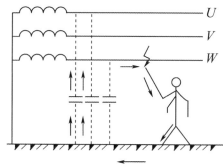

图4-1 单相触电　　　　图4-2 两相触电

c.跨步电压触电。跨步电压触电是指站立或行走的人体,受到出现于人体两脚之间的电压,即跨步电压作用所引起的电击,如图4-3所示。跨步电压直接电击的危险性一般不大,这是由于跨步电压本身不大而且通过人体重要组织的电流分量小,但可能造成二次伤害。

②电伤。电伤是指电流的热效应、化学效应、机械效应等对人体所造成的伤害,它表现为局部伤害。电伤包括电烧伤、电烙印、皮肤金属化、机械损伤、电光眼等多种伤害。

图 4-3　跨步电压触电

(2) 静电危害事故

静电危害事故是指由静电电荷或静电场能量引起的事故。由于静电能量不大，不会直接使人致命。但是，其电压可能高达数十千伏乃至数百千伏，发生放电，产生放电火花。静电危害事故主要包括以下几个方面：

①在有爆炸和火灾危险的场所，静电放电火花会成为可燃性物质的点火源，造成爆炸和火灾事故。

②人体因受到静电电击的刺激，可能引发二次事故，如坠落、跌伤等。此外，对静电电击的恐惧心理会对工作效率产生不利影响。

③在某些生产过程中，静电的物理现象会对生产产生妨碍，导致产品质量不良，电子设备损坏，造成生产故障，乃至停工。

(3) 雷电灾害事故

雷电是大气中的一种放电现象。雷电放电具有电流大、电压高的特点。其能量释放出来可能形成极大的破坏力。其破坏作用主要有以下几个方面：

①直击雷放电、二次放电、雷电流的热量会引起火灾和爆炸。

②雷电的直接击中、金属导体的二次放电、跨步电压的作用及火灾与爆炸的间接作用，均会造成人员的伤亡。

③强大的雷电流、高电压可导致电气设备击穿或烧毁。发电机、变压器、电力线路等遭受雷击，可导致大规模停电事故。雷击可直接毁坏建筑物、构筑物。

(4) 射频电磁场危害事故

射频指无线电波的频率或相应的电磁振荡频率，射频磁场频率范围一般指 100kHz～300GHz。射频伤害是由电磁场的能量造成的。射频电磁场危害主要包括：

①在射频电磁场的作用下，人体因吸收辐射能量会受到不同程度的伤害。过量的辐射可引起中枢神经系统的机能障碍，出现神经衰弱等临床症状；可造成植物神经紊乱，出现心率或血压异常；可引起眼睛损伤，造成晶体浑浊，严重时导致白内障；可造成皮肤表层灼伤或深度灼伤等。

②在高强度的射频电磁场作用下，可能产生感应放电，从而引爆器件发生意外。

(5) 电气系统故障危害事故

电气系统故障危害是由于电能在输送、分配、转换过程中失去控制而产生的。断线、短路、异常接地、漏电、误合闸、误掉闸、电气设备或电气元件损坏、电子设备受电磁干扰而发生误动作等都属于电路故障。电气系统故障危害主要体现在以下几个方面：

①引起火灾和爆炸。线路、开关、熔断器、插座、照明器具、电热器具、电动机等均可能引起火灾和爆炸；电力变压器、多油断路器等电气设备不仅有较大的火灾危险，还有爆炸的危险。

②异常带电。电气系统中，原本不带电的部分因电路故障而异常带电，可导致触电事故

发生。例如,电气设备因绝缘不良产生漏电,使其金属外壳带电;高压电路故障接地时,在接地处附近呈现出较高的跨步电压,形成触电的危险条件。

③异常停电。在某些特定场合,异常停电会造成设备损坏和人身伤亡。例如,正在浇注钢水的吊车,因骤然停电而失控,导致钢水洒出,引起人身伤亡事故;医院手术室可能因异常停电而被迫停止手术,无法正常施救而危及病人生命等。

(6)触电事故的分布规律

大量的统计资料表明,触电事故的分布具有规律性。根据国内外的触电事故统计资料分析,触电事故的分布具有如下规律:

①触电事故季节性明显。一年之中,二、三季度是事故多发期,尤其在6—9月份最为集中,占全年触电事故的75%以上。

②低压设备触电事故多。由于低压设备远多于高压设备,而且,缺乏电气安全知识的人员多是与低压设备接触,低压触电事故远高于高压触电事故。因此,应将防止低压触电事故发生作为防范的重点。

③携带式设备和移动式设备触电事故多。这主要是因为这些设备经常移动,工作条件较差,容易发生故障。另外,在使用时须用手紧握进行操作。

④电气连接部位触电事故多。在电气连接部位机械牢固性较差、电气可靠性也较低,是电气系统的薄弱环节,较易出现故障。

⑤农村触电事故多。这主要是因为农村用电条件较差、设备简陋、技术水平低、管理不严、电气安全知识缺乏等。

⑥青年、中年人以及非电工人员触电事故多。这些人员是设备操作人员的主体,他们直接接触电气设备,部分人员缺乏电气安全的知识。

⑦误操作事故多。人为失误造成的触电事故占所有触电事故的70%以上。

触电事故的分布规律并不是一成不变的,在一定的条件下,也会发生变化。例如,对电气操作人员来说,高压触电事故反而比低压触电事故多。上述规律为电气安全检查、电气安全工作计划制订、电气安全措施实施以及电气设备的设计、安装和管理等工作提供了重要的依据。

二、触电事故防护

电看不见、摸不着、闻不到;一旦触电,往往又难以自救,严重威胁到人的生命安全。所以,触电防护成为用电者首先关注的重要问题。

为了有效地防止触电事故的发生,可采用绝缘、屏护和间距、保护接地或接零、漏电保护等技术或措施。

1. 绝缘

绝缘是指用绝缘物把带电体封闭起来。该绝缘物只有遭到破坏时才失效。电工绝缘材料的体积电阻率一般在 $10^7\Omega/m^3$ 以上。

高压(如35kV)的线路和设备,其绝缘电阻不应低于1000~2500MΩ。架空线路每个绝缘子的绝缘电阻不应低于300MΩ。运行中电缆的绝缘电阻应根据其额定电压设定在300～1500MΩ范围内。电力变压器在投入运行前，其绝缘电阻不应低于出厂时的70%。

绝缘物由于击穿、损伤、老化会失去或降低绝缘性能。绝缘物在强电场等因素作用下完全失去绝缘性能的现象称为击穿。气体击穿后能自行恢复绝缘性能；液体击穿后能基本上恢复或一定程度上恢复绝缘性能；固体击穿后不能恢复绝缘性能。绝缘物损伤是指绝缘物由于腐蚀性气体、蒸汽、潮气、粉尘及机械等因素而受到损伤，降低甚至失去绝缘性能。绝缘物老化是指绝缘物在电、热等因素作用下，电气性能和机械性能逐渐恶化。带电体的绝缘材料若被击穿、损伤或老化，就会有电流泄漏发生。

对于安全要求较高的设备或器具，如绝缘手套、绝缘靴、绝缘垫等电工安全用具，阀型避雷器、断路器、变压器、电力电缆等高压设施，某些日用电器和电动工具等，应定期进行泄漏电流试验，及时发现绝缘材料的硬伤、脆裂等内部缺陷。同时，还应定期对绝缘物做介质损耗试验，采取有力措施保证绝缘物的绝缘性能。

2. 屏护和间距

屏护是借助屏障物防止触及带电体。屏护装置（包括护栏和障碍）可以防止触电，也可以防止电弧烧伤和弧光短路等事故。屏护装置所用材料应该有足够的机械强度和良好的耐火性能，可根据现场需要制成板状、网状或栅状。

护栏高度不应低于1.7m，下部边缘离地面不应超过0.1m。金属屏护装置应采取接零或接地保护措施。护栏应具有永久性特征，必须使用钥匙或工具才能移开；障碍必须牢固，不得随意移开。屏护装置上应悬挂"高压危险"的警告牌，并配置适当的信号装置和联锁装置。

间距是将带电体置于人和设备所及范围之外的安全措施。应该根据电压高低、设备类型、环境条件及安装方式等决定间距大小。

为了防止人体接近带电体，带电体安装时必须留有足够的检修间距。在低压操作中，人体及其所带工具与带电体的距离不应小于0.1m；在高压无遮拦操作中，人体及其所带工具与带电体之间的最小距离视工作电压而定，不应小于0.7～1.0m。

3. 保护接地或接零

保护接地或接零是防止间接接触电击的安全措施。保护接地适用于各种不接地电网。在这些电网中，由于绝缘损坏或其他原因可能使正常不带电的金属部分呈现危险电压。例如，变压器、电机、照明等器具的外壳和底座，配电装置的金属构架，配线钢管或电缆的金属外皮等，除另有规定外，均应接地。

保护接零是指把设备外壳与电网保护零线紧密连接起来。当设备带电部分碰连其外壳时，即形成相线对零线的单相回路，短路电流将使线路上的过流速断保护装置迅速启动，断开故障部分的电源，消除触电危险。保护接零适用于低压中性点直接接地的380V或220V的三相四线制电网。

4. 漏电保护

漏电保护装置除用于防止直接接触电击和间接接触电击以外，还可用于防止漏电火灾、监测一相接地、绝缘损坏等事故。依据启动原理和安装位置,漏电保护装置可分为电压型、零序电流型、中性点型、泄漏电流型等。

三、雷电危害及安全防护

雷电是大气中的一种放电现象。雷雨云在形成过程中,一部分积聚起正电荷,另一部分积聚起负电荷,当这些电荷积聚到一定程度时,就产生放电现象。这种现象有的是在云层与云层之间进行,有的是在云层与大地之间进行。这两种放电现象俗称打雷,它会破坏建筑物、电气设备,伤害人畜。这种放电时间短促,一般为 50~100μs,但电流异常强大,能达到数万安培到数十万安培。放电时产生强烈的光,这一过程就是闪电。闪电时,将释放出大量热能,瞬间能使局部空气温度升高 1 万~2 万℃,空气的压强可达 70 个大气压,这样大的能量,具有极大的破坏力,往往会造成火灾和人畜的伤亡。

1. 雷电危害

雷电危害可分为直击雷破坏、感应雷破坏和雷电波侵入破坏三种。目前,直击雷造成的灾害已明显减少,而随着城市经济的发展,感应雷和雷电波侵入造成的危害却大大增加。一般建筑物上的避雷针只能预防直击雷,而强大的电磁场产生的感应雷和脉冲电压却能潜入室内危及电视、电话及联网微机等弱电设备。

雷电的几种破坏途径如下:

(1)直击雷破坏

当雷电直接击在建筑物上时,强大的雷电流使建(构)筑物水分受热汽化膨胀,从而产生很大的机械力,导致建筑物燃烧或爆炸。另外,当雷击中接闪器,电流沿引下线向大地泄放时,这时对地电位升高,有可能向邻近的物体跳击,称为雷电"反击",从而造成火灾或人身伤亡。

(2)感应雷破坏

感应雷破坏也称为二次破坏。它分为静电感应雷和电磁感应雷两种。由于雷电流变化梯度很大,会产生强大的交变磁场,使得周围的金属构件产生感应电流,这种电流可能向周围物体放电,如果附近有可燃物就会引发火灾和爆炸,而感应到正在联机的导线上就会对设备产生强烈的破坏性。

①静电感应雷。带有大量负电荷的雷云所产生的电场将会在金属导线上感应出被电场束缚的正电荷。当雷云对地放电或云间放电时,云层中的负电荷在一瞬间消失了(严格地说是大大减弱了),那么在线路上感应出的这些被束缚的正电荷也就在一瞬间失去了束缚,在电势能的作用下,这些正电荷将沿着线路产生大电流冲击。

②电磁感应雷。雷击发生在供电线路附近或避雷针上会产生强大的交变电磁场,此交变电磁场的能量将感应于线路并最终作用到设备上。由于避雷针的存在,建筑物上落雷机会反倒增加,内部设备遭感应雷危害的机会和程度一般来说是增加了,对用电设备造成极大危害。因此,避雷针引下线通体要有良好的导电性,接地体一定要处于低阻抗状态。

(3)雷电波侵入破坏

当雷电接近架空管线时,高压冲击波会沿架空管线侵入室内,造成高电流引入,这样可能引起设备损坏或人身伤亡事故。如果附近有可燃物,容易酿成火灾。

2. 雷电的安全防护

(1) 防直击雷的措施

防直击雷采取的措施是引导雷云与避雷装置之间放电,使雷电流迅速流散到大地中去,从而保护建筑物免受雷击。避雷装置由接闪器、引下线和接地装置三部分组成。

①接闪器。接闪器也称受雷装置,是接受雷电流的金属导体,如图4-4所示。接闪器的作用是使其上空电场局部加强,将附近的雷云放电诱导过来,通过引下线注入大地,从而使离接闪器一定距离内、一定高度的建筑物免遭直接雷击。接闪器的基本形式有避雷针、避雷带、避雷网、防雷笼网四种。

a. 避雷针。避雷针的针尖一般用镀锌圆钢或镀锌钢管制成。避雷针的保护范围可以用一个以避雷针为轴的圆锥形来表示。

b. 避雷带。避雷带是用小截面圆钢或扁钢做成的条形长带,装设在建筑物易遭雷击部位。在建筑物最可能遭受雷击的地方装设避雷带,可对建筑物进行重点保护。为了对不易遭受雷击的部位也有一定

图4-4　接闪器

的保护作用,避雷带一般高出屋面0.2m,而两根平行的避雷带之间的距离要控制在10m以内。

c. 避雷网。避雷网相当于纵横交错的避雷带叠加在一起,它的原理与避雷带相同。其材料采用截面不小于50mm^{2}的圆钢或扁钢,交叉点需要焊接。

d. 防雷笼网。防雷笼网是笼罩着整个建筑物的金属笼,它是利用建筑结构配筋所形成的笼作为接闪器,对于雷电它能起到均压和屏蔽作用。

②引下线。引下线又称引流器,接闪器通过引下线与接地装置相连。其作用是将接闪器"接"来的雷电流引入大地,它应能保证雷电流通过而不被熔化。引下线一般采用圆钢或扁钢制成,其截面不得小于48mm^2。在易遭受腐蚀的部位,其截面应适当加大。为避免腐蚀加快,最好不要采用胶线作引下线。

建筑物的金属构件(如消防梯、烟囱的铁爬梯等)都可作为引下线,但所有金属部件之间都应连成电气通路。

③接地装置。接地装置是埋在地下的接地导体(水平连接线)和垂直打入地内的接地体的总称。其作用是把雷电流疏散到大地中去。

接地体的接地电阻要小(一般不超过10Ω),这样才能迅速地疏散雷电流。

一般情况下,接地体均应使用镀锌钢材,使其延长使用年限。但当接地体埋设在可能有化学腐蚀性的土壤中时,应适当加大接地体和连接点的截面,并加厚镀锌层。各焊接点必须刷沥青油,以加强防腐。

(2) 防雷电感应的措施

为防止雷电感应产生火花,建筑物内部的设备、管道、构架、钢窗等金属物,均应通过接地装置与大地可靠连接,以便将雷云放电后在建筑上残留的电荷迅速引入大地,避免雷害。

对平行敷设的金属管道、构架和电缆外皮等,当距离较近时,应按规范要求,每隔一段距离用金属线跨接起来。

(3) 防雷电波侵入的措施

为防雷电波侵入建筑物,可利用避雷器或保护间隙将雷电流在室外引入大地。其上端接入线路,下端接地。正常时,避雷器的间隙保持绝缘状态,不影响系统正常运行;雷击时,有高压冲击波沿线路袭来,避雷器击穿而接地,从而强行截断冲击波。雷电流通过以后,避雷器间隙又恢复绝缘状态,保证系统正常运行。

保护间隙是一种简单的防雷保护设备,由于制成角形,所以也称羊角间隙,它主要由镀锌圆钢制成的主间隙和辅助间隙组成。保护间隙结构简单、成本低、维护方便,但保护性能差,灭弧能力小,容易引起线路开关跳闸或熔断器熔断,造成停电。所以,在装有保护间隙的线路上,一般要求装设自动重合闸装置或自动重合熔断器与其配合,以提高供电可靠性。

常用的阀型避雷器,其基本元件是由多个火花间隙串联后再与一个非线性电阻串联起来,装在密封的瓷管中。一般非线性电阻用金刚砂和结合剂烧结而成。

正常情况下,阀片电阻很大,而在过电压时,阀片电阻自动变得很小,则在过电压作用下,火花间隙被击穿,过电流被引入大地,过电压消失后,阀片又呈现很大电阻,火花间隙恢复绝缘。

为防止雷电波沿低压架空线侵入,在入户处或接户杆上,应将绝缘子的铁脚接到接地装置上。

此外,还要防止雷电流流经引下线产生的高电位对附件金属物体的雷电反击。当防雷装置接受雷击时,雷电流沿着接闪器、引下线和接地体流入大地,并且在它们上面产生很高的电位。如果防雷装置与建筑物内外电气设备、电线或其他金属管线的绝缘距离不够,它们之间就会产生放电现象,这种情况称为"反击"。反击的发生,可引起电气设备绝缘被破坏,金属管道被烧穿,甚至引起火灾、爆炸及人身事故。

防止反击的措施有两种:一种是将建筑物的金属物体(含钢筋)与防雷装置的接闪器、引下线分隔开,并且保持一定的距离;另一种是当防雷装置不易与建筑物内的钢筋、金属管道分隔开时,则将建筑物内的金属管道系统,在其主干管道外与靠近的防雷装置相连接,有条件时,宜将建筑物每层的钢筋与所有的防雷引下线连接。

小贴士

预防雷击歌

霹雳电闪雷雨天,安全第一莫等闲;
献首歌谣大家唱,劝君牢记在心间。
身在屋内关门窗,电气设备断电源;
最好不要打电话,切莫出屋檐下站。
空旷地方身全缩,尽量减少暴露面;
双脚并拢快蹲下,躲到树下最危险。

人群多时要疏散,跑步摩擦引雷电;
金属物体不触摸,电线杆下不安全。
正在船上要上岸,闪电遇水水带电;
躲进汽车关好门,换件干衣身上穿。
球形闪电虽少见,不要只顾看稀罕;
它的能量十分大,慢慢躲闪莫擦边。

四、静电危害

1. 固体静电危害

绝缘材料的带电会使生产不能顺利进行。更为严重的是,在有可燃气体的场合,静电放电可成为引燃或引爆的点火源。绝缘材料的表面放电一般是刷形放电,刷形放电能够引燃最小引燃能量在4mJ以下的可燃混合气体。

绝缘材料在进行加工和各种生产时,极易带电。例如,薄膜往卷轴上卷绕时,绝缘材料管道内输送粉体、液体物料时,都会使绝缘材料带电。如果发生放电即可引燃可燃混合气体。此外,靠近带电绝缘材料的不接地的导体和不接地的人体,都会因感应而带电。带电的导体或人体发生火花放电时,将其储存的能量全部释放出来,也是十分危险的。

2. 液体静电危害

液体带电时,其内部和周围空间会有电场存在。当场强足够高时,就会发生放电。在一般情况下,液体内部的放电没有引燃的危险,但可以引起化学变化。这些化学变化能改变液体的性能或引起有关设备的腐蚀。液体在空气中的放电则有引燃的危险。当油罐内液面与接地罐壁或其他金属构件之间的场强超过击穿强度时,即发生放电。放电能量的大小及引燃的可能性,很难估计。

对地电阻在 $10^6\Omega$ 以上的导体或非导体,在带电液体作用下可以带电。一旦发生放电,危险性极大。例如,当电阻率较大的液体流经绝缘导体时,绝缘导体会由于与液体摩擦,或由于带电液体电荷的传递等而产生电荷。当带电液体倒入不接地的金属罐时,由于感应或电荷的转移而使绝缘的金属罐带电。浸在带电液体中的金属构件,其电位与其所处位置的液体电位相等。带电云雾向物体上喷射时,会使物体带电。由上述可见,放置在带电液体周围的孤立物体可以带电,而且十分危险。

3. 粉体静电危害

当粉尘云中带电粒子产生的场强足够高时,就会发生粉尘云内部放电或粉尘云对大地的放电。粉尘云放电引燃危险较小。粉尘云放电可引燃非常敏感的混合物,如悬浮的微细粉尘或可燃混合气体。

粉体处理系统中的绝缘导体很容易通过接触而起电。例如,输送粉体流的绝缘金属管道,可以达到很高的电位,能够对地产生大能量的火花放电。将粉体倒入一个没有接地的容器,可导致容器的火花放电,放出的电量与容器内积累的电荷总量相当。

在有些粉体操作中,如取样等,人体与粉体须紧密接触。如果操作人员处于非接地状态,由于感应或电荷传递,人体会带上电荷。

4. 气体静电危害

不论是大型工业吸尘器管嘴的带电,还是细小物品气动输送系统中管道带电,除非设备由金属制成并保持接地,否则可能会导致可燃气的引燃和人体的强电击。粉体的气动输送作为气体携带电荷的特例,还具有前述粉体静电的特点。

任何含有颗粒物质的压缩气体的逸出和排放都具有潜在危险。例如,从进出气口、阀门或凸缘漏缝处喷出带有水珠或锈末的压缩气体时,均可产生危险的静电。所以,装放最小引燃能量很低的气体(如氢或乙炔与空气的混合气体)时,只要这些气体含有颗粒物杂质,装放时就应格外谨慎。

液化二氧化碳的释放,会产生气体和二氧化碳干冰的混合物。这种混合物高度带电,在喷嘴上及气体撞击的绝缘金属导体上,曾测得高达几千伏的静电电压。因此,如果不采取适当的防范措施,就可能产生灾害。

5. 人体静电危害

在现代工业中,不乏人体静电引发燃烧爆炸的事故案例。例如,某家具厂静电喷漆室,操作人员穿着橡胶底运动鞋操作使人体带电,当操作者接触设备时发生静电放电,发生火灾。对于最小引燃能量小于100mJ的可燃混合气体,对人体放电应采取防范措施。

在工业生产中,操作人员经常与带电材料接触会产生静电积累,当与接地设备接触时,会产生静电放电。人与金属间放电火花的能量可达2.7～7.5mJ,这不仅可以引爆爆炸性混合物,而且会给放电人员带来痛苦的感觉。

在许多情况下,衣物能够带电。如果人体接地,衣物一般不会发生严重的火花放电。除了最小引燃能量很低的场合(如氧气很充足或处理易爆物的场合),人体放电没有危险性。然而,若将一件衣服脱去,其上的电荷将容易保留且容易发生危险的火花放电。

五、静电的预防与消除

1. 防静电基本原则

(1)静电引发火灾或爆炸的五个必不可少的条件

①要有产生静电荷的条件。
②具备产生火花放电的电压。
③有能引起火花放电的合适间隙。
④电火花要有足够的能量。
⑤在放电间隙及周围环境中有易燃易爆混合物。

只要消除上述五个条件中的一个,即可达到防止静电引发燃烧或爆炸危害的目的。由此可以确定消除静电危害的基本途径。

(2)消除静电危害的五项基本对策

①从工艺改进着手尽量少产生静电。
②利用泄漏导走的方法迅速排除静电。
③利用中和电荷的方法减少静电积累。
④利用屏蔽的方法限制静电产生危害。

⑤改变生产环境,减少易燃易爆物的泄放。

2. 静电的消除

(1)改进工艺控制静电产生

改进工艺是指从工艺过程、材料选择、设备结构、操作管理等方面采取措施,控制静电的产生,使其不致达到危险程度。

在原料配方和结构材质方面应该进行优选,尽量选取不易摩擦或接触起电的物质,以减少静电的产生。

输送固体物料所用的皮带、托辊、料斗、倒运车辆和容器等,都应采用导电材料制造并接地。使用中要保持清洁,但不得用刷子清扫。输送中要平稳,速度应适中,不能使物料滑动或振动。输送液体物料,主要是通过控制流速限制静电的产生。当输油管线很长且不适合限制流速时,可在油品进入储罐前经过一段管径较大的缓冲区,以消除油品中的静电。输送气体物料,应先通过干燥器和过滤器把其中的水雾、尘粒除去。在液体喷出过程中,喷出量要小、压力要低、管路应经常清扫。

(2)静电的泄放消散

静电的泄放消散是指在生产过程中,采用空气增湿、加抗静电添加剂、静电接地和保证静止时间的方法,将带电体上的电荷向大地泄放、消散,以期达到静电安全的目的。一般认为,带电体任何一处对地电阻小于 $10^6\Omega$ 时,则该带电体的静电接地是良好的。所以,降低带电体对地电阻是排除静电的重要方法。

空气增湿可以降低静电非导体的绝缘性,湿空气可在物体表面覆盖一层导电的液膜,提高静电荷经物体表面泄放的能力,即降低物体的泄漏电阻,把所产生的静电导入大地。增湿的具体方法可采用通风调湿、地面洒水、喷放水蒸气等方法。空气增湿不仅有利于静电的导出,还能提高爆炸性混合物的最小引燃能量,有利于防爆。

在工艺条件允许的情况下,空气增湿取相对湿度70%为宜。增湿对于表面可被水润湿的材料效果为好,如醋酸纤维素、硝酸纤维素、纸张和橡胶等。对于表面很难被水润湿的材料,如纯涤纶、聚四氟乙烯、聚氯乙烯等效果较差。

(3)静电接地连接

静电接地连接是为静电荷提供一条导入大地的通路。接地只能消除带电导体表面的自由电荷,对于非导体静电荷的消除是无效的。

输送能产生静电物料的绝缘管道,其金属屏蔽层应该接地。各种静电消除器的接地端、高绝缘物料的注料口、加油站台、油品车辆、浮动罐体等应连成导电通路并接地。在有火灾和爆炸危险的场所,以及静电对产品质量、人身安全有影响的地方,所使用的金属用具、门窗把手和插销、移动式金属车辆、金属梯子、家具、有金属丝的地毯等,都应该接地。

管道系统的末端、分叉、变径、主控阀门、过滤器以及直线管道每隔200~300m处,均应设接地点。车间内管道系统的接地点应不少于两个,接地点、跨接点的具体位置可与管道固定托架位置一致。

(4)静电的中和与屏蔽

静电中和是指用极性相反的离子或电荷中和危险的静电,从而减少带电体上的静电量。

静电屏蔽是把静电对外的影响局限在屏蔽层内,从而消除静电对外的危害。属于静电中和法的有静电消除器消电和物质匹配消电等。

静电消除器有自感应式、外接电源式、放射线式和离子流式四种。以自感应式静电消除器为例,其用一根或多根接地金属针作为离子极,将针尖对准带电体并距其表面1~2cm。由于带电体的静电感应,针尖会出现相反电荷,在附近形成强电场,并将气体电离。所产生的正、负离子在电场作用下,分别向带电体和针尖移动。与带电体电性相反的离子抵达带电体表面时,即与静电中和;而移到针尖的离子通过接地线把电荷导入大地。

利用摩擦起电的带电规律,把相应的物质匹配,使生产过程中产生极性相反的电荷,并互相中和,这就是所谓物质匹配消电的方法。例如,在橡胶制品生产中,辊轴用塑料、钢铁两种不同的材料制成,交叉安装,胶片先与钢辊接触分离得负电,然后胶片又与塑料辊摩擦带正电,正、负电互相抵消保证了安全。

把带电体用接地的金属板、网包围或用接地导线匝缠绕,将电荷对外的影响局限于屏蔽层内,同时屏蔽层内的物质也不会受到外电场的影响。这种静电封闭方法可保证系统静电的安全。

(5)人体静电的消除

可以通过接地、穿防静电鞋、穿防静电工作服等具体措施,减少静电在人体上的积累。在静电产生严重的场所,不得穿化纤工作服,穿着以棉织品为宜。在人体必须接地的场所,应设金属接地棒,赤手接触即可导出人体静电。

产生静电的工作地面应是导电性的。其泄漏电阻既要小到防止人体静电积累,又要防止因人体误触动力电而导致人体伤害。此外,也可以用洒水的方法使混凝土地面、嵌木胶合板湿润,使橡皮、树脂、石板的黏合面或涂刷地面能够形成水膜,增加其导电性。

在工作中,尽量不做与人体带电有关的事情,如在工作场所不要脱工作服;在有静电危险场所操作、检查、巡视时,不得携带与工作无关的金属物品,如钥匙、硬币、手表、戒指等。

六、电焊安全

电焊技术就是在金属连接处实行局部电能加热、加压或加压的同时加热,使被焊金属局部达到液态或接近液态,促进原子或分子间相互扩散和进行结合,以达到永久牢固的连接,如图4-5所示。

图4-5 电焊

焊条电弧焊操作时,必须注意安全与防护。安全与防护技术主要有防止触电、弧光辐射、火灾、控制焊接环境和防止有毒气体与烟尘中毒等。

1. 防止触电

焊条电弧焊时,电网电压和焊机输出电压以及手提照明灯的电压等都有触电危险。因此,要采取防止触电措施或接零。焊接电缆和焊钳绝缘要良好,如有损坏,要及时修理。在进行焊条电弧焊时,要穿绝缘鞋,戴电焊手套。在锅炉、压力容器、管道、狭小潮湿的地沟内焊接时,要有绝缘垫,并有人在外监护。使用手提照明灯时,电压不超过安全电压36V,高空作业时不超过12V。高空作业时,若在接近高压线5m或离低压线2.5m以内作业时,必须停电,并在电闸上挂警告牌,设人监护。万一有人触电,要迅速切断电源,并及时抢救。

2. 防止弧光辐射

焊接电弧强烈的弧光和紫外线对眼睛和皮肤有损害。在进行焊条电弧焊时,必须使用带弧焊护目镜片的面罩,并穿工作服,戴电焊手套。多人焊接操作时,要注意避免相互影响,宜设置弧光防护屏或采取其他措施,避免弧光辐射的交叉影响。

当出现6级以上大风时,如果没有采取有效的安全措施,则不能进行露天焊接作业和高空作业,同时,在焊接作业现场附近应有消防设施。电焊作业完毕应拉闸,并及时清理现场,彻底消除火种。

3. 防止火灾

在焊接作业点火源10m以内、高空作业下方和焊接火星所及范围内,应彻底清除有机灰尘、木材、木屑、棉纱、棉丝、草垫、干草、石油、汽油、油漆等易燃物品。当有不能撤离的易燃物品(如木材、未拆除的隔热保温的可燃材料等)时,应采取可靠的安全措施,如用水喷湿或覆盖湿麻袋、石棉布等。

4. 控制焊接环境

在焊接作业点10m以内,不得有易爆物品;在油库、油品室、乙炔站、喷漆室等有爆炸性混合气体的室内,严禁焊接作业。当没有采取特殊措施时,不得在内有压力的压力容器和管道上焊接。在对装过易燃易爆物品的容器焊补前,要将盛装的物品放尽,并用水、水蒸气或氮气置换,清洗干净;用测爆仪等仪器检验分析气体介质的浓度;在进行焊接作业时,要打开盖口,操作人员要躲离容器孔口。

5. 防止有毒气体和烟尘中毒

焊条电弧焊时若产生可溶性氟、氟化氢、锰、氮氧化物等有毒气体和粉尘,会导致氟中毒、锰中毒、电焊尘肺等,尤其是碱性焊条在容器、管道内部焊接更甚。因此,要根据具体情况采取全面通风换气、局部通风、小型电焊排烟机组等通风排烟尘措施。

七、高压电气设备安全

1. 高压电气设备概述

电气设备根据设备所用电压等级的不同可以分为高压电气设备和低压电气设备。其中,电压等级在 1000 V 及以上为高压电气设备,电压等级在 1000 V 以下则为低压电气设备。

高压电气设备主要包括高压熔断器、高压隔离开关、高压负荷开关、高压断路器、高压开关柜和电力变压器等。

(1) 高压熔断器

高压熔断器是指交流电力线路和电力设备短路保护的保护器件,如图 4-6 所示。

图 4-6　高压熔断器

在高压熔断器中,户内广泛采用 RN 型管式熔断器,户外广泛采用 RW 型跌落式熔断器。

(2) 高压隔离开关

高压隔离开关主要用于隔离高压电源,以保证其他电气设备的安全检修,如图 4-7 所示。由于它没有专门的灭弧装置,所以不能带负荷操作。但是可用于通断一定限度的小电流,如励磁电流不超过 2A 的空载变压器、电容电流不超过 5A 的空载线路及电压互感器和避雷器回路等。

图 4-7　高压隔离开关

(3) 高压负荷开关

高压负荷开关是专门用在高压装置中通断负荷电流的开关,如图 4-8 所示。由于负荷开关在设计时只考虑通断负荷电流,断流能力不大,因此不能用它来切断短路电流。线路的短路故障只能借助与它串联的高压熔断器来进行保护。

图 4-8　高压负荷开关

高压负荷开关是和高压熔断器串联使用的,断电保护应按下述要求调整:

①当故障电流大于负荷开关的开断能力时,必须保证熔断器先熔断,然后负荷开关才能分闸。

②当故障电流小于负荷开关的开断能力时,则负荷开关开断,熔断器不动作。

(4)高压断路器

高压断路器又称高压开关,用在高压装置中通断负荷电流,并在严重过载和短路时自动跳闸,切断过载电流和短路电流,如图 4-9 所示。因此,高压断路器具有相当完善的灭弧结构和足够的断流能力,以适应其工作要求。

图 4-9　高压断路器

(5)高压开关柜

高压开关柜是按一定的线路方案将有关一、二次设备组装而成的一种高压成套配电装置。高压开关柜有固定式(图 4-10)和手车式两大类型。

图 4-10　固定式高压开关柜

高压开关柜大多数按规定装设了防止电气误操作的闭锁装置,即所谓"五防":防止误跳、误合断路器;防止带负荷拉、合隔离开关;防止带电挂接地线;防止带接地线合隔离开关;防止人员误入带电间隔。

(6)电力变压器

电力变压器是静止的电气设备,有升高或降低电压的作用,如图4-11所示。企业通常把6～10kV的高压电降低为0.4kV的低压电,供给电气设备使用,这种变压器称为配电变压器。

如果发现运行中变压器的温度过高,应及时处理。

图 4-11　电力变压器

2. 高压电气设备巡视

(1)值班人员巡视高压设备时,应与带电设备保持规定的安全距离,禁止越过遮栏巡视。

(2)高压设备发生接地故障时,人体距离接地点的安全距离:室内应大于4m;室外应大于8m。进入上述范围的人员应穿绝缘靴。当手接触设备外壳和架构时,应戴绝缘手套。

(3)雷雨天气需要巡视室外高压设备时,应穿绝缘靴,并不得接近避雷器、避雷针及其接地装置(对避雷针应保持5m以上的距离)。

(4)当巡视高压设备,进出高压室时,应随时将门关好,防止小动物由门窜入。

(5)当巡视线路时,不论线路是否停电,均应视为带电,并应沿线路上风侧行走。当寻找接地故障时,应有防止跨步电压的措施。

(6)当巡视线路时,如发现高压线断落地面或悬挂空中,应设法让行人远离断线处8m以外,一方面派人看守,另一方面迅速进行处理。

3. 倒闸操作

(1)倒闸操作前,应根据操作票的顺序在模拟板上进行核对性操作。操作时,应先核对设备名称、编号,并检查开关或隔离开关的原来拉、合位置与工作票所写的内容是否相符。操作中,应认真执行监护制、复诵制,每操作完一步即应由监护人在操作项目前打"√"。

(2)操作中有疑问时,必须立即向调度员或电气设备负责人报告,了解清楚后再进行操作。不准擅自更改操作票。

(3)操作人员与带电导体应保持规定的安全距离,同时应穿长袖衣及长裤。

(4)用绝缘杆拉、合隔离开关或经传动机构拉、合开关及隔离开关时,应戴绝缘手套。操作室外设备时,还应穿绝缘靴。

(5)带电装卸高压熔丝管时,应使用绝缘夹钳或绝缘杆,戴防护眼镜,并应站在绝缘垫(台)上或戴绝缘手套。

(6)在雨天操作室外高压设备时,除按上述规定外,使用的绝缘杆还应带有防雨罩。遇雷雨时,应停止室外的正常倒闸操作。

单元4.6　消防安全

一、城市轨道交通消防安全概述

央视新闻报道,2020年3月27日,美国纽约地铁站发生火灾,事故造成一名列车司机死亡,16人受伤,火灾的发生让全球都为之震惊。地铁的防火、消防工作被列为城市轨道交通安全工作的头等大事。消防安全相关教学资源见二维码7~二维码9。

二维码7　消防安全1　　二维码8　消防安全2　　二维码9　消防安全3

1. 城市轨道交通建筑物的特点

城市轨道交通建筑工程与地面建筑工程有所不同,其主要特点如下:

(1)空间连续性强。站台、站厅、控制室等空间都直接连接,这给防火造成了很大困难。

(2)出入口较少。城市轨道交通的出入口较少,一旦发生火灾,出入口需要完成排烟、散热、人员疏散、救援队伍进入等任务,而出入口较少的特点给以上任务的顺利完成造成很大困难。

(3)电气设备多。因绝大多数城市轨道交通系统都通行于地下,所以系统用电量很大,电气设备引发火灾的概率不能小视。

(4)空间湿度大。城市轨道交通空间湿度大,易造成电气设备受潮而引发火灾。

2. 城市轨道交通火灾的特点

(1)疏散困难

当城市轨道交通系统发生火灾时,易产生浓烟、热气浪以及大量的有毒气体,这给人员疏散造成了很大困难。疏散困难主要有以下几个方面:

①烟气对人的眼睛、喉咙、气管有刺激,影响人员疏散。

②高温气浪使得人员疏散困难。

③浓烟使得应急照明系统效果大打折扣,乘客因看不清疏散通道而难以疏散。

④烟气与新鲜空气在出入口碰撞,使得从出入口流入车站的新鲜空气的速度变慢,给人员疏散造成影响。

(2)救援难度大

①浓烟或停电使得救援人员无法迅速确定起火点。

②城市轨道交通的地下空间较大,而救援人员的呼吸器一般使用时间有限,不能长时间在地下进行救援工作。

③地下空间相对封闭,给救援人员开展救援战术配合造成困难。

(3)通信系统容易瘫痪

当城市轨道交通发生火灾时,水流和高温对通信器材的影响使消防员携带的普通无线电对讲机不能正常工作,甚至整个通信系统容易造成瘫痪状态。

3. 引发火灾的原因

(1)管理制度方面的原因

管理上的疏漏是造成火灾的主要原因,即城市轨道交通运营企业没有制定严格的管理制度,导致众多安全隐患存在。

(2)列车材料的因素

由于城市轨道交通车厢易燃品较多,且车厢与车厢之间是相通的,很多新型列车座位所用的装饰材料都是易燃的薄绒布。由于这种材料一旦着火便难以控制,轻易酿成大火。有的老式车厢内装饰物均采用可燃性化学合成材料,在燃烧时会迅速产生大量神经麻痹毒气使人窒息死亡。由此可见,城市轨道交通火灾的发生与不合格的列车材料是密切相关的。

(3)人的因素

人的因素是造成大多数事故发生的重要原因。人的行为加上物的不安全状态导致了危险的出现,而危险会不会最终演变成为事故,则取决于人们对危险所采取的措施正确与否。

二、防火灭火基本知识

1. 火灾的基本概念

(1)燃烧与火灾

①燃烧的定义。燃烧是物质与氧化物之间的放热反应,它通常会现时释放出火焰或可

见光,如图 4-12 所示。

图 4-12　燃烧

②火灾的定义。火灾是指火失去控制导致蔓延而形成的一种灾害性燃烧现象,它通常会造成生命财产的损失。

③燃烧和火灾发生的必要条件。燃烧须同时具备氧气、可燃烧物、点火源,即火的三要素(简称火三角)。这三个要素中缺少任何一个,燃烧都不能发生和维持,因此火三角是燃烧的必要条件。在火灾防治中,如果能够阻断火三角的任何一个要素就可以扑灭火灾。

④分类。火灾按着火可燃物类别,一般分为五类,即可燃气体火灾、可燃液体火灾、固体可燃物火灾、电气火灾、金属火灾。

(2)火灾的种类

①A 类火灾。A 类火灾是指由含碳固体可燃物体(如木材、棉、毛、麻、纸张等)燃烧的火灾(水是最佳灭火剂)。

②B 类火灾。B 类火灾是指由甲、乙、丙类液体(如汽油、煤油、柴油、甲醇、乙醚、丙酮等)燃烧的火灾(采用干粉、二氧化碳灭火)。

③C 类火灾。C 类火灾是指由可燃气体(如煤气、天然气、氢气、甲烷、乙炔、丙烷等)燃烧的火灾(采用二氧化碳灭火)。

④D 类火灾。D 类火灾是指由可燃金属(如钾、钠、镁、钛、锆、锂、铝镁合金等)燃烧的火灾(采用专用的轻金属灭火器灭火)。

⑤带电火灾。带电火灾是指由带电物体燃烧的火灾(采用干粉、二氧化碳灭火,勿用水)。

2. 灭火的基本方法

(1)冷却灭火法

冷却灭火法的原理是将灭火剂直接喷射到燃烧的物体上,以使燃烧的温度在燃点之下,使燃烧停止,或者将灭火剂喷洒在火源附近的物质上,使其不因火焰热辐射作用而形成新的火点。冷却灭火法是一种灭火的主要方法,常用水和二氧化碳作为灭火剂降温灭火。

灭火剂在灭火过程中不参与燃烧过程中的化学反应,属物理性灭火法。

(2)隔离灭火法

隔离灭火法的原理是将正在燃烧的物质和周围未燃烧的可燃物质隔离或移开,中断可燃物质的供给，使燃烧因缺少可燃物而停止。具体方法如下：

①把火源附近的可燃、易燃、易爆等物品搬走。
②关闭可燃气体、液体管道的阀门。
③设法阻拦流散可燃、易燃物品。
④可能的话，拆除与火源相毗邻的易燃建筑物，形成防止火势蔓延的空间地带。

（3）窒息灭火法

窒息灭火法的原理是阻止空气流入燃烧区域或用不燃物质冲淡空气中的氧气含量，使燃烧得不到足够的氧气而停止。具体方法如下：

①用沙土、水泥、湿麻袋、湿棉被等覆盖燃烧物。
②喷洒雾状水、干粉、泡沫等灭火剂覆盖燃烧物。
③用水蒸气或氮气、二氧化碳等气体灌注发生火灾的容器、设备。
④密闭起火建筑、设备和孔洞。

3. 防火的基本方法

为了防止燃烧基本条件的产生，避免燃烧基本条件的相互作用，防火的基本方法归纳起来主要有四种：控制可燃物、隔绝空气、消除着火源和阻止火灾蔓延。其可采取的防火措施见表4-7。

防火的基本方法和措施举例　　表4-7

方　　法	原　　理	措　施　举　例
控制可燃物	破坏燃烧爆炸的基础	(1) 限制可燃物储运量； (2) 用难燃或阻燃材料代替可燃材料； (3) 加强通风，降低可燃气体或粉尘在空间的浓度； (4) 及时清除撒漏地面的易燃、可燃物质等
隔绝空气	破坏助燃条件	(1) 对储运爆炸危险物品的容器、设备等充惰性气体； (2) 密闭有可燃介质的容器、设备
消除着火源	破坏燃烧的激发能源	(1) 易发生火灾、爆炸的场所禁止一切烟火； (2) 经常润滑机械轴承，防止摩擦生热； (3) 安装避雷、接地装置，防止雷击、静电； (4) 铁制工具套上胶皮
阻止火势蔓延	不使新的燃烧条件形成	(1) 在建筑之间留有足够的防火距离、构筑防火墙等； (2) 在气体管道上安装阻火器、安全水封等

三、消防设备设施使用方法

1. 灭火器的使用

(1) 二氧化碳灭火器的使用方法

灭火时将灭火器提到或扛到火场,在距燃烧物 5m 左右的位置,放下灭火器,拔出保险销,一只手握住喇叭筒根部的手柄,另一只手紧握启闭阀的压把,如图 4-13 所示。对没有喷射软管的二氧化碳灭火器,应把喇叭筒往上扳 70°~90°。使用时,不能直接用手抓住喇叭筒外壁或金属连线管,防止手被冻伤。灭火时,当可燃液体呈流淌状燃烧时,使用者将二氧化碳灭火剂的喷流由近而远向火焰喷射。如果可燃液体在容器内燃烧时,使用者应将喇叭筒提起。从容器的一侧上部向燃烧的容器中喷射。但不能将二氧化碳射流直接冲击可燃液面,以防止将可燃液体冲出容器而扩大火势,造成灭火困难。

①右手握着压把,左手托着灭火器底部,轻轻地取下灭火器。

②右手提着灭火器到现场。

③除掉铅封。

④拔掉保险销。

⑤左手握着喷管,右手提着压把。

⑥在距火焰2m的地方,右手用力压下压把,左手拿着喷管左右摆动,喷射干粉覆盖整个燃烧区。

图 4-13　二氧化碳灭火器的使用方法

在室外使用二氧化碳灭火器时,应选择在上风方向喷射;在室内窄小空间使用二氧化碳灭火器时,灭火后操作者应迅速离开,以防窒息。

(2) 手提式 1211 灭火器(图 4-14)的使用方法

使用时,应手提灭火器的提把或肩扛灭火器到火场。在距燃烧处 5m 左右,放下灭火器,先拔出保险销,一手握住开启把,另一手握在喷射软管前端的喷嘴处。如灭火器无喷射软管,可一手握住开启压把,另一手扶住灭火器底部的底圈部分。先将喷嘴对准燃烧处,用力握紧开启压把,使灭火器喷射。当被扑救可燃烧液体呈现流淌状燃烧时,使用者应对准火焰根部由近而远并左右扫射,向前快速推进,直至火焰全部被扑灭。如果可燃液体在容器中燃烧,应对准火焰左右晃动扫射,当火焰被赶出容器时,喷射流跟着火焰扫射,直至把火焰全部扑灭。但应注意不能将喷射流直接

图 4-14　手提式 1211 灭火器

喷射在燃烧液面上,防止灭火剂的冲力将可燃液体冲出容器而扩大火势,造成灭火困难。如果扑救可燃性固体物质的初起火灾时,则将喷流对准燃烧最猛烈处喷射,待火焰全部扑灭,及时采取措施,并阻止其复燃。

使用1211灭火器时不能颠倒,也不能横卧,否则灭火剂不会喷出。另外,在室外使用时,应选择在上风方向喷射;在窄小的室内灭火时,灭火后操作者应迅速撤离,因1211灭火剂具有一定的毒性,以防对人体产生伤害。

(3)推车式1211灭火器(图4-15)的使用方法

灭火时一般由两个人操作,先将灭火器推或拉到火场,在距燃烧处10m左右停下,一人快速放开喷射软管,紧握喷枪,对准燃烧处,另一个人则快速打开灭火器阀门。灭火方法与手提式1211灭火器相同。

(4)手提式干粉灭火器(图4-16)的使用方法

灭火时,可手提或肩扛灭火器快速奔赴火场,在距燃烧处5m左右,放下灭火器。如在室外,应选择站在上风方向喷射。

图4-15　推车式1211灭火器　　图4-16　手提式干粉灭火器

如果使用的干粉灭火器是储气瓶式,操作者应一手紧握喷枪,另一手提起储气瓶上的开启提环。如果储气瓶的开启是手轮式的,则向逆时针方向旋开,并旋到最高位置,随即提起灭火器。当干粉喷出后,迅速对准火焰的根部扫射灭火。使用的干粉灭火器若是储压式,操作者应先将开启把上的保险销拔下,然后一只手握住喷射软管前端喷嘴部,另一只手将开启压把压下,打开灭火器进行灭火。在使用灭火器时,一手应始终压下压把,不能放开,否则会中断喷射。

当使用干粉灭火器扑救可燃、易燃液体火灾时,应对准火焰根部扫射;如果被扑救的液体火灾呈流淌燃烧时,应对准火焰根部由近而远,并左右扫射,直至把火焰全部扑灭。如果可燃液体在容器内燃烧,使用者应对准火焰根部左右晃动扫射,使喷射出的干粉流覆盖整个容器开口表面;当火焰被赶出容器时,使用者仍应继续喷射,直至将火焰全部扑灭。在扑救容器内可燃液体火灾时,应注意不能将喷嘴直接对准液面喷射,防止喷流的冲击力使可燃液体溅出而扩大火势,造成灭火困难。如果可燃液体在金属容器中燃烧时间过长,容器的壁温已高于扑救可燃液体的自燃点,此时极易造成灭火后再复燃的现象,若与泡沫类灭火器联用,则灭火效果更佳。

如果使用磷酸铵盐干粉灭火器扑救固体可燃物火灾时,应对准燃烧最猛烈处喷射,并上下、左右扫射。如条件许可,使用者可提着灭火器沿燃烧物的四周边走边喷,使干粉灭火剂均匀地喷在燃烧物的表面,直至将火焰全部扑灭。

(5)推车式干粉灭火器(图4-17)的使用方法

推车式干粉灭火器的使用方法与手提式干粉灭火器的使用方法相同。

初起火灾范围小、火势弱,是用灭火器灭火的最佳时机。因此,正确合理地配置灭火器显得非常重要。

2.消火栓的使用

(1)水是分布最广、使用最方便、补给最容易的灭火剂,适用于扑灭多种类型的火灾,但不能用于扑救与水能发生化学反应的物质引起的火灾,以及高压电气设备和档案、资料等引起的火灾。

图4-17 推车式干粉灭火器

(2)消火栓的使用方法:将存放消火栓的仓门打开,将水袋取出,平放打开,将阀头接在水袋上,对准火源,双手托起阀头,打开水阀,进行灭火。

图4-18所示为泡沫消火栓。

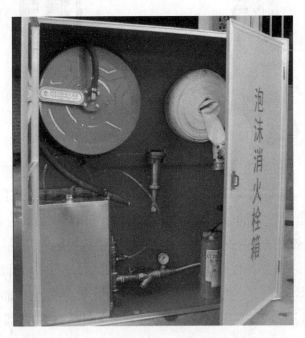

图4-18 泡沫消火栓

3.火灾自动报警设备的使用

(1)火灾自动报警设备简介

火灾自动报警设备由火灾探测器、区域报警器和自动报警器组成。当火灾发生时,探测器将火灾信号(烟雾、高温、光辐射)转换成电信号,传递给区域报警器,再由区域报警器将信号传输到集中报警器。

常用的火灾探测器主要有感烟式火灾探测器、感温式火灾探测器、光辐射探测器和可燃气体探测器,如图4-19~图4-22所示。

图 4-19　感烟式火灾探测器　　图 4-20　感温式火灾探测器

图 4-21　光辐射探测器　　　　图 4-22　可燃气体探测器

（2）火灾自动报警设备的使用

火灾自动报警设备是城市轨道交通车站安全管理中必不可少的重要消防设施。因此，火灾自动报警设备一旦投入使用，就要严格管理。图 4-23 所示为火灾自动报警系统工作原理图。

图 4-23　火灾自动报警系统工作原理图

整个火灾自动报警系统必须由专人负责，坚持昼夜值班制度。无关人员不得随意触动，切实保证全部系统处于正常运行状态。城市轨道交通中的火灾自动报警设备一般都安置在车站综合控制室内。

由于火灾自动报警装置连续不间断运行，加之误报原因比较复杂，报警装置发出少量误报在所难免，所以要求工作人员一旦接到报警，应先消音并立即赶往现场，待确认火灾后，方可采取灭火措施，启动外控其他灭火装置，并向消防部门和主管领导汇报。图 4-24 为消防系统示意图。

图 4-24 消防系统示意图

四、火灾自救与逃生方法

常见火灾可分初起、发展、猛烈、下降和熄灭五个阶段。常见火灾多为固体物燃烧,固体可燃物在火灾初起阶段火源面积小,烟和气体对流的速度较缓慢,火焰不高,燃烧释放出来的辐射热能较低,火势向周围发展蔓延的速度较慢。根据研究表明,建筑物起火后 5~7min 内是扑救火灾最有利的时机。因此,在火灾初起时,应想方设法地利用就近消防器材将火灾消灭在萌芽状态之中。如超过此时间,火灾必然发展到猛烈阶段,就必须依赖消防队来灭火,而人员就只有设法逃离。被困人员能否逃离,要看其是否掌握自救与逃生的方法,具体如下:

(1) 要稳定情绪,时刻保持头脑清醒,切不可惊慌失措。

(2) 要会防烟熏。大多数火灾死难者是因缺氧窒息和烟气中毒而死,而不是直接烧死。因此,当被烟火包围时,首要的任务是设法逃走。由于火灾产生的烟气温度高,一般往上浮,可采取俯身行走,伏地爬行,用湿手巾蒙住口鼻,这样可减少烟毒危害。

(3) 楼房底层着火,住上层的人自然只能从楼梯跑。面对着火的楼梯,可用湿棉被、毯子等披在身上,屏住呼吸,从火中冲过去。一般人屏住呼吸在 10~15s 内可跑 25m 左右。如果逃出后身上衣服着火,简单的办法是用水泼灭,或就地打滚。

(4) 楼梯已被大火封住,应立即跑到屋顶通过另一单元的楼梯出来,也可以从阳台抱住水管或利用竹竿下滑逃生。若这些逃生之路也被切断,应退回屋内,关闭通往燃烧房间的门窗,并向门窗上泼水,以延缓火热发展,同时打开未受烟火威胁的窗户向外抛一些醒目的或落地有声的物品,向楼外发出求救信号。

(5) 用绳或用撕开的被单连接起来,将其固定在物体上,向楼下逃至无火的楼层或地面。如时间不允许,也可往地上抛棉被等软物,再往下跳。

单元4.7 特种设备和特种作业安全

特种设备是指涉及生命安全、危险性较大的压力容器(含气瓶)、压力管道、电梯、起重机械、客运索道、大型游乐设施。其中,压力容器(含气瓶)、压力管道为承压类特种设备;电梯、起重机械、客运索道、大型游乐设施为机电类特种设备。

一、特种设备安全

特种设备制造质量的优劣、使用安全技术状况的好坏直接关系到国家财产和群众的生命安全,为此,《特种设备安全监察条例》(国务院令第373号)明确了对特种设备在设计、制造、安装、改造、维修、使用、检验及节能8个环节的安全监察管理规定。特种设备的安全使用是特种设备管理的核心和关键。

1. 制定并落实安全生产责任制

建立安全生产责任制、落实安全管理人员是特种设备安全运行的前提条件和重要保障。企业应成立以总经理为第一责任人的安全生产领导小组,建立安全生产管理网络,实行班组、分公司、公司机关三级管理,层层设置特种设备安全管理员。

2. 实行定期检验制度

按照《特种设备安全监察条例》(国务院令第373号)的规定,特种设备在投入使用前或者投入使用后30日内,特种设备使用单位应当向直辖市或者设区的市的特种设备安全监督管理部门登记。登记标志应当置于或者附着于该特种设备的显著位置。

特种设备使用单位应当对在用特种设备进行经常性日常维护保养,并定期自行检查。

特种设备使用单位应当按照安全技术规范定期检验的要求,在安全检验合格有效期届满前1个月向特种设备检验检测机构提出定期检验要求。

3. 坚持持证上岗制度

持证上岗制度包括两点:一是特种设备凭证使用。特种设备在投入使用前,使用单位应主动到当地特种设备安全监察部门办理使用登记手续,取得合格证后方可使用,而且合格证安置于特种设备醒目位置;二是特种设备作业人员和管理人员持证上岗。特种设备的作业人员和相关安全管理人员,按照国家有关规定,经安全监察部门考试合格后,取得特种设备作业人员资格证书,方可从事相应的作业或安全管理工作。

4. 特种设备的正确使用

任何设备都有一定的使用范围和特定的工作条件,只有在规定的范围和条件下使用,才能保障特种设备的安全运行。

5. 精心维护与保养

特种设备的维护保养可采取两种方式：一种方式是由使用单位进行简单的日常维护与保养；另一种方式是由具有专业维修资质的单位进行维修。根据特种设备的自身特点，确定维修保养重点，做到高标准严要求，促使每台设备都处于完好状态。

二、特种作业定义及分类

1. 特种作业的定义

根据国家安全生产监督管理局与国家煤矿安全监察局2002年12月28日《关于特种作业人员安全技术培训考核工作的意见》（安监管人字〔2002〕124号）第二条规定："特种作业是指容易发生人员伤亡事故，对操作者本人、他人及周围设施的安全可能造成重大危害的作业。直接从事特种作业的人员称为特种作业人员。"

2. 特种作业的分类

（1）电工作业。作业人员包括发电工、送电工、变电工、配电工，电气设备的安装、运行、检修（维修）、试验工，矿山井下电、钳工。

（2）金属焊接、切割作业。作业人员包括焊接工、切割工。

（3）起重机械（含电梯）作业。作业人员包括起重机械（含电梯）司机、司索工、信号指挥工、安装与维修工。

（4）企业内机动车辆驾驶作业。作业人员包括在企业内码头、货场等生产作业区域和施工现场行驶的各类机动车辆的司机。

（5）登高架设作业。作业人员包括2m以上登高架设、拆除、维修工，高层建（构）筑物表面清洗工。

（6）锅炉作业（含水质化验）。作业人员包括承压锅炉的操作工、锅炉水质化验工。

（7）压力容器作业。作业人员包括压力容器罐装工、检验工、运输押运工、大型空气压缩机操作工。

（8）制冷作业。作业人员包括制冷设备安装工、操作工、维修工。

（9）爆破作业。作业人员包括地面工程爆破工、井下爆破工。

（10）矿山通风作业。作业人员包括主扇风机操作工、瓦斯抽放工、通风安全监测工、测风测尘工。

（11）矿山排水作业。作业人员包括矿井主排水泵工、尾矿坝作业工。

（12）矿山安全检查作业。作业人员包括安全检查工、瓦斯检验工、电气设备防爆检查工。

（13）矿山提升运输作业。作业人员包括提升机操作工、（上、下山）绞车操作工、固定胶带输送机操作工、信号工、拥罐（把钩）工。

（14）采掘（剥）作业。作业人员包括采煤机司机、掘进机司机、耙岩机司机、凿岩机司机。

（15）矿山救护作业。

(16) 危险物品作业。作业人员包括危险化学品、民用爆炸品、放射性物品的操作工，运输押运工，储存保管员。

(17) 经国家安全生产监督管理局批准的其他作业。

下边以电梯作业为例，讲解相关安全知识。

三、电梯作业安全知识

1. 开梯程序

第一步：使用单位应配备持有效证件上岗的管理人员，并由该管理人员开梯、关梯以及实行电梯运行过程中的管理。

第二步：管理人员开梯之前认真阅读上一班交班记录，打开厅门后，了解清楚电梯轿厢是在本层后方可踏进。

第三步：进轿厢后，认真检查各控制开关及照明通风是否正常。

第四步：用手试安全触板开关，检查光电开关功能是否灵敏可靠。

第五步：将各开关打成正常位置，选顶层、中间数层及首层来回走一趟，没有异常后方可投入正常运行。

2. 关梯程序

第一步：关梯前乘电梯检查一趟，如有异常应及时通知维修保养人员处理。

第二步：检查电梯无异常后，将电梯停在首层，便于次日开梯。

第三步：断开轿内所有接触开关及照明开关。

3. 电梯其他安全规章制度

①电梯投入运行前须进行试运行，以检查各部位是否工作正常。

②做好轿厢、厅门、轿门清洁卫生工作，清理电梯门地坎滑槽内杂物，保障电梯门的正常开闭。

③严禁电梯超载运行，不允许轿厢开启安全窗。安全门运送超长物件、对重量判断不明或不符合安全条件的物品谢绝运送。禁止将电梯当载货电梯使用。载运质量较大物品时应注意在轿厢内均匀分布。

④不允许用急停开关、检修开关做正常运行中的销号；不得在电梯运行中使用厅门钥匙开启厅门；严禁在厅门、轿门开启的情况下检修运行。

⑤当发生电梯运行故障（如"关门不走车""运行冲顶或蹲底""安全钳误动作""有异常噪声或较大振动冲击"）时，请立即按动警铃按钮及时通知电梯的管理及维修人员处理。

⑥电梯的厅门钥匙、电源开关钥匙由该电梯的司机或电梯管理人员、维修人员专人管理。认真做好钥匙的交接登记。

⑦电梯的司机和维修人员、管理人员定期参加安全培训，掌握电梯的性能，熟知安全操作规程，持证上岗，严禁无电梯操作证人员进入电梯井道内进行有关工作。

⑧有关安全责任，实行安全责任制。维修、保养部门的所有安全管理由维保部经理全面

负责,由维保部经理定期进行安全教育工作。每天上岗工作之前由各组负责人负责进行安全教育工作及注意安全事项的交代工作,并做好每天的安全教育工作记录,每天进行安全教育工作后由维保工作人员本人签字。

四、特种作业人员管理

1. 特种作业人员基本条件

特种作业人员是指直接从事特种作业的人员。特种作业人员必须具备以下基本条件:

(1)年满十八周岁。

(2)身体健康,无妨碍从事相应工种作业的疾病和生理缺陷。

(3)初中以上文化程度,具备相应工种的安全技术知识和技能,经安全技术理论和实际操作技能考核并成绩合格。

(4)符合相应工种作业特点需要的其他条件。

2. 特种作业人员的安全生产职责

(1)认真执行国家有关安全生产法律、法规和规章,严格遵守本单位的安全生产规章制度,保证安全作业。

(2)正确使用劳动防护用品和本工种作业的工具、设备,并认真进行维护保养。

(3)设备发生故障,影响安全生产时,应立即采取有效措施,并报告有关部门和负责人。

(4)努力学习,掌握本工种的安全技术知识和实际操作技能,不断提高自身的安全技术水平。

(5)有权拒绝管理人员违章指挥或者强令冒险作业,有权制止他人违章作业。

3. 特种作业人员的特别安全管理

(1)特种作业人员在独立上岗作业前,必须进行与本工种相适应的、专门的安全技术培训。有下列情形之一者,由发证部门收缴其"特种作业操作证":

①未按规定接受复审或复审不合格者。

②违章操作造成严重后果或违章操作记录达三次以上者。

③弄虚作假骗取"特种作业操作证"者。

④经确认健康状况已不适宜继续从事所规定的特种作业者。

(2)离开特种作业岗位6个月以上的特种作业人员,应当重新进行实际操作技能考核,经确认合格后方可上岗作业。

实训任务2　火灾逃生

火灾逃生见本教材所附实训任务2。

实训任务3　使用常用灭火装置进行灭火训练

使用常用灭火装置进行灭火训练见本教材所附实训任务3。

复习思考题

一、选择题

1. 灭火器是一种轻便的灭火器材,是扑救初起火灾最常用的灭火设备。现有一油桶着火,应使用哪种灭火器?(　　)

   A. 提式干粉灭火器　　　　　　　　B. 二氧化碳灭火器
   C. 泡沫灭火器　　　　　　　　　　D. 合成泡沫灭火器

2. 工程车运作前,车辆检修工作人员要对机车及连挂车辆的技术状态做必要的检查,保证技术状态及(　　)作用良好。

   A. 动力装置　　　B. 制动装置　　　C. 传动装置　　　D. 连接装置

3. 安全电压是(　　)。

   A. 12 V　　　　　B. 36 V　　　　　C. 110 V　　　　　D. 220 V

二、填空题

1. 保持配电线路和电气设备的_____良好,是保证人身安全和电气设备正常运行的最基本要素。

2. 在整个城市轨道交通运营安全过程中,_____占据着首要地位。

3. 列车运行安全的影响因素主要有_____、_____、_____、_____。

三、判断题

1. 机械对人体的伤害是由于机械的动能产生的。(　　)
2. 个人在正线轨道上作业时,必须随时保持警惕,避免危险的发生。(　　)
3. 绝缘通常分为气体绝缘、液体绝缘和固体绝缘。(　　)

四、名词解释

1. 特种作业:
2. 绝缘:

五、简答题

简述电气安全工作的内容。

模块 5
城市轨道交通应急救援

1. 了解城市轨道交通应急设备管理；
2. 熟悉常见事故处理。

4 学时

从安全管理的时间进行分类，一切安全管理都可以分为事故前管理和事故后管理。事故前管理主要指预防管理，在事故发生以前，尽可能消除隐患，使系统发生事故的可能性降至最低点。事故后管理是指事故发生以后的应急救援管理与事故后总结教育管理。其中，应急救援管理对于安全管理非常重要。本章将重点阐述应急救援管理中的应急设备管理与城市轨道交通系统中的常见事故处理。

单元5.1　城市轨道交通应急设备

安全是相对的，没有绝对安全。城市轨道交通运营安全也是相对的，并不存在绝对安全。为了应对可能突发的状况，保护乘客的安全，城市轨道交通运营企业一般在列车和车站内都安装有一定的应急设备，当出现突发状况时，乘客可以通过应急设备进行报警或自救。

一、列车应急设备

现代城市轨道交通车辆无论是在车厢还是车辆驾驶室内都安装有一定的应急设备，主要包括应急疏散门、紧急报警装置、灭火器、紧急开门装置等。

1. 应急疏散门

应急疏散门安装于驾驶室左部。它手动解锁后通过气簧执行机构机械动作后，可推下专门的紧急梯。

该逃生门装有挡风玻璃、雨刮器和清洗器。

列车在运营区间发生故障时，司机可以通过前后的应急疏散门疏散乘客。通过应急疏散门，乘客可以被有序疏导到隧道，进而逃生。应急疏散门如图5-1所示。

图 5-1 应急疏散门

2. 紧急报警装置

紧急报警装置安装于列车的车厢内,如图 5-2 所示。一般情况下,列车的每节车厢至少安装两个紧急报警装置,包括报警按钮和紧急对讲器。当车厢发生乘客冲突、有人昏厥、火灾等紧急状况时,乘客可以立即使用该装置通知司机,以便司机根据现场情况采取相应措施进行处理。

乘客紧急通信装置(PECU)

图 5-2 紧急报警装置

3. 灭火器

城市轨道交通列车是运送乘客的封闭大型载客工具。其一旦发生火灾,后果不堪设想。因此,在每节车辆里面均配备有灭火器。一般情况下,车辆内配备的灭火器型号均为 6kg,放置于车厢乘客底座下或车辆前后两端的专门设备内,如图 5-3 所示。当列车发生初起火灾或较小火灾时,乘客可自行利用灭火器进行灭火,防止较大火情的出现。在城市轨道交通系统中,可能会发生因设施、设备故障或外来突发因素而造成的事故(件),危及公共安全。为了有效预防或及时处置在车站、电动列车、区间线路等处发生的突发事故(件),防止事故扩大,减少人员伤亡和财产损失,应规范城市轨道交通突发事故应急处置工作。

4. 紧急开门装置

在列车的每列车门上均安装有紧急开门装置,其主要作用是列车在故障或紧急情况时,需要人工开门时使用。

图 5-3　灭火器

在紧急事件中手动开门,每节列车提供两套从外部进入的紧急设备,紧急开门装置如图 5-4 所示。

图 5-4　紧急开门装置

内部紧急设备是一个带锁的曲柄,可由乘客手动操作,也可由司机用方孔钥匙操作。

司机可用方孔钥匙操作外部的紧急设备。

司机可在客室内使用方孔钥匙或手动使紧急设备复位。司机在客室外只能使用方孔钥匙复位外部紧急设备。

(1) 在速度 $V<2\text{km/h}$(大约)时操作紧急设备。在此情况下,门叶可以手动移动。

(2) 在速度 $V>2\text{km/h}$(大约)时操作紧急设备。在此情况下,不能手动移动门叶。

二、车站应急设备

车站应急设备分为事故救援应急设备和车站机电设备应急装置。

1. 事故救援应急设备

(1) 呼吸器(图 5-5)

车站应定期组织员工演练,掌握使用方法,定期进行检查,保证呼吸器气瓶压力在规定允许使用的范围,压力不足及时向安全保卫科通报,确保突发情况发生时能够正常使用呼吸器。呼吸器正常使用范围为呼吸器压力表指针读数 ×2～10min,呼吸器压力表指针接近红色区域时,表明呼吸器只能维持 10min 的正常呼吸,佩戴人员应立即撤出危险地带。例如,北京地铁

1、2号线及13号线每个自然站配有三具呼吸器,其中行车值班室两具,值班站长室一具。

图 5-5　呼吸器

(2)逃生面具

车站所有员工必须掌握逃生面具的使用方法。逃生面具保存期为3年,安全使用时间为15min,超过期限应立即上报安全保卫科并及时更换。车站每岗一具,随岗配发,随岗交接,各岗主岗人员负责保管并定期检查逃生面具真空包装的完好情况。有不符合标准的应及时上报安全保卫科。

(3)应急灯(图 5-6)

应急灯存放于各岗位。车站要定期检查应急灯的性能,按使用说明及时进行充电,并派专人管理。建立充电登记制度,确保做到随取随用。

图 5-6　应急灯

(4)担架(图 5-7)

每车站一个,统一放置于车站行车值班室,指定专人保管。

图 5-7　担架

(5)存尸袋(图 5-8)

每车站一条,统一放置于车站行车值班室,指定专人保管。

(6)便携式扶梯

每车站4个,车站行车值班室和行车副室各两个,指定专人保管。

(7)湿毛巾

每车站150条,当车站发生火灾、生化恐怖袭击时,用于分发给乘客使用。湿毛巾分别存放于车站两个售票室和行车值班室各50条。

图 5-8　存尸袋

（8）抢险锤

每车站一只，统一放置于车站行车值班室，指定专人保管。

（9）防汛铁锹

统一放置于车站仓库，指定专人保管。

（10）挡水板

统一放置于车站仓库，指定专人保管。

（11）草垫子

统一放置于车站仓库，指定专人保管。

（12）编织袋

统一放置于车站仓库，指定专人保管。

车站应急抢险器材要由专人保管，不得随意挪作他用；当出现故障、损坏或数量不足时应立即上报有关部门；如因人为因素导致器材出现故障、损坏或数量不足必须由肇事者照价赔偿。

2. 车站机电设备应急装置

车站机电设备应急装置主要有火灾紧急报警器、自动扶梯紧停装置、紧急停车按钮、站台门紧急开关等。其安装位置和数量均根据不同的城市轨道交通系统建设的要求而有所不同。各类应急设备的启用时机不同，均应在发生危及列车行车安全或人身安全的紧急情况下方可使用。

单元 5.2　突发事件应急处理

一、突发事件应急救援的基本任务

突发事件应急救援的总目标是通过有效的应急救援行动，尽可能降低事故的损失和后果，包括人员伤亡、财产损失和影响等。由于城市轨道交通地下空间狭小，车站、列车上人多，设备设施有限，给我们的抢险救援工作带来更大的难度。突发事件应急救援的基本任务包括如下：

(1)立即组织疏散车内、站内乘客,抢救伤员。在应急救援中,确保乘客安全、快速、有序、有效地疏散乘客,安全转送伤员,降低伤亡率、减少事故损失。由于突发情况发生突然、扩散迅速,应及时指导和组织乘客采取各种措施进行自身防护,快速、有序地离开车站、车内;在疏散过程中,应积极组织乘客开展自救和互救工作。

(2)采取有效措施,迅速控制事态,并对现场进行监控。在进行乘客疏散的同时,要安排专人采取有效措施,对现场事态进行控制,防止事态扩大,造成更大的损失,事态无法控制时,要及时向有关部门报告。

(3)救援结束后,做好现场恢复,准备运营。处理完成突发事件后,本着"尽快恢复运营"的原则,做好现场的清理,特别是对涉及运营线上物品的清理,防止物品侵入限界,各岗位人员做好运营前的准备。

(4)查清事故原因,总结救援经验。发生突发事件后要及时调查事故发生的原因和事故的性质,评估危险程度,做好事故原因调查,并总结救援工作中的经验和教训。

二、突发事件信息报告

车站及运营线路上发生突发事件后的请示报告工作,是降低各类损失、减少事故影响、缩短救援时间的重要环节,全体员工必须对此高度重视。

1. 应急信息报告原则及要求

(1)迅速准确、简单明了、逐级上报的原则。

(2)企业内部及协作单位并举的原则。

(3)控制中心负责信息的收集和传递。

事故在区间发生时,由司机立即报告行车调度员;在车站或基地发生时,由车站值班站长或信号楼调度员立即报告行车调度员。

(4)发生人员伤亡、火灾、爆炸、毒气袭击等事故,需要报告119火警、120急救中心或地铁公安分局时,由现场负责人或目击者在第一时间内直接报告;如果无法直接报告,则应以尽快报告的原则,向就近的车站或控制中心(信号楼调度员)或上级报告,再报告119火警、120急救中心或地铁公安分局。

2. 报告事项

(1)事故发生时间(月、日、时、分)。

(2)事故发生地点(区间、百米标和上、下行正线)。

(3)列车车次、车组号、关系人员姓名、职务。

(4)事故概况及原因。

(5)人员伤亡情况及车辆、线路等城市轨道交通设备损坏情况。

(6)是否需要救援。

(7)是否影响邻线运行。

(8)其他必须说明的内容及要求。

三、常见突发事件应急处理

1. 大客流应急处理

（1）大客流易出现的时间

大客流的出现指因城市轨道交通周边环境影响或因设备故障导致设备能力不足等不可预见的情况而造成突发性进、出站客流增大,超过车站设备承受能力。

可能出现的时间主要有节假日、特别的事件(如演唱会或体育赛事等)、恶劣天气、运营服务中断、意外事件、紧急事件、事故等。

可能出现的地点主要有站台、站前广场、换乘通道、电动扶梯及步梯、楼梯、出入口、站台、其他公交接驳处等。

（2）大客流的应急处理

当车站发生突发性大客流时,由值班站长负责现场客运组织,安排、监督各岗位的职责实施情况。

①管理客流。

a. 在地铁公安协助的情况下,站务员、车站助理在入口处实行"分批放行"限制进站乘客。

b. 车站督导员关闭进站闸机及自动售票机。

c. 车站人员使用手提扬声器引导乘客。

d. 车站人员在重要的位置和入口设置单行走向。

②车站清人。

a. 值班站长请求行车调度员安排空车接载乘客。

b. 车站督导员播放清站广播。

c. 车站人员转换电扶梯运行方向来疏导站台、站厅客流。

③阻止乘客进入车站。

a. 值班站长请求行车调度员安排列车不停站。

b. 车站督导员关闭车站入口或指定该口为"仅供出站的出口"。

c. 车站人员摆放通告,在入口及进入大门的地方对关站和禁入原因加以解释。

d. 车站人员关停到站台方向的电扶梯。

2. 大面积停电应急处理

为贯彻"安全第一,预防为主,防救结合"的方针,确保大面积停电时城市轨道交通设备和乘客的安全,尽快恢复城市轨道交通正常供电和运营。一旦发生大面积停电,城市轨道交通员工在确保自身安全的情况下应坚守岗位,沉着冷静,自觉地维持城市轨道交通运营秩序,稳定乘客情绪,积极疏散乘客,尽全力保证乘客安全。具体处理程序如下：

（1）当发生大面积停电时,车站工作人员应判明现场情况,启用紧急照明,在控制中心和站长的指挥下,积极开展疏导乘客工作;设备值班人员应关闭正在操作的设备,切断电源开关后,设法与外界取得联系,协助乘务员共同开展疏导乘客工作。

（2）当发生接触网停电导致列车停运时,当班的客车司机是组织该列车所载乘客疏散的第一责任人,首先应通过广播稳定乘客情绪,在有通信条件时,听从控制中心值班调度员或邻站值班站长的指挥;若列车停在隧道中,又与控制中心失去联系时,司机必须指挥和引导乘客有步骤、有组织地向最近的车站疏散。一旦到达车站,依次服从车站值班员、值班站长的组织指挥,直至将乘客安全引导至地面安全地带。

(3)行车调度员、电力调度员、环控调度员、变电所等关键岗位值班人员,应坚守岗位,确保本部门设备、设施和人员的安全,并采取一切措施尽可能减少停电损失。同时着手调查,收集管辖范围内人员、设备、设施停电影响情况,速将险情及初步救援方案向有关领导汇报。

(4)各中心应做好停电后的设备保护,控制中心负责把各变电所高、低压侧开关分开,断开各类负荷开关;来电后按照主所、变电所、一类负荷、二类负荷、三类负荷的顺序,逐步恢复供电。

3. 火灾的应急处理

发生火灾后,若事故发生在区间及城市轨道交通列车,由司机负责,根据需要,行车调度员安排事故区间邻近车站值班站长(或站长)到达事故现场后,由该值班站长(或站长)负责。若事故发生在车站或车辆基地,由值班站长(或站长)、基地调度员负责。现场组织救援的原则如下:①采取各种措施,稳定乘客情绪、维持秩序,尽力保证乘客安全;②现场责任人判明现场情况及时报告,做到"信息畅通,及时反馈";③以控制事态、减小影响为目的,动员和组织力量进行抢险。

(1)若火灾发生在车站

①控制中心调度应急措施。

a.行车调度员安排已进入区间的列车采取跳站运行方式越过发生火灾的车站。在确定火灾严重情况之前,全线暂停运营,待确认情况后再决定是否恢复运行或继续采用跳站方式运行。未进入该车站范围的列车应在前方车站停车;根据具体情况,发布关闭部分车站的命令;随时了解和掌握灾情及疏散乘客情况,协助处理有关事宜。

b.电力调度员立即将火灾区段线路接触网停电。

c.环控调度员及时了解现场情况,根据相应火灾运行模式确定送排风模式;保持与火灾现场的联系,及时发布相关的环调命令。

d.立即通知市急救中心、消防支队等相关单位,要求派出救援车辆前往事发地点。

②车站员工应急措施。

a.带好灭火器具,扑救初起火灾。

b.立即停止售检票,禁止乘客进站。利用广播对站内乘客进行宣传,稳定乘客情绪。根据现场情况,及时组织乘客进行疏散。

c.协助救援人员,积极开展救援工作。

d.按实际情况关闭相应机电及空调设备、开启事故照明和启动相应的送风及排烟程序。

③客车司机应急措施。

听从调度指挥命令,同时对乘客用标准用语进行广播宣传,稳定乘客情绪。如果此时正好列车停站上下客,应通过广播通知乘客停止下车,关闭车门和站台门。

(2) 若火灾发生在列车

列车发生火灾时往往由乘客首先发现,然后再通知给司机和控制中心。因此,当列车发生火灾时,首先应确认火灾的严重程度,决定列车是否继续运行到下一个车站或在区间紧急停车疏散乘客。

当列车还可以继续运行到下一个车站时,火灾的处理方法按车站发生火灾处理。

(3) 若火灾发生在地铁运营区间

①控制中心接到报告后,立即通知市急救中心、消防支队等相关单位组织救援。发布全线列车将暂时停止运行的命令,待确认情况后再决定采用的运行方式。同时立即将火灾区段线路接触网停电,确定通风排烟模式,保证乘客安全撤离,并阻止火灾扩散。

②对于火灾区间两端的车站,应组织乘客进行疏散,以防隧道火灾蔓延至车站;其他车站在列车停运期间应停止售检票,禁止乘客进站。

③当列车已经进入火灾区域,无法在火灾区域前停车时,司机应操纵列车冲过火灾区域,在前方车站停车;当列车停在火灾区域前,但已经离开车站时,列车应在控制中心的指挥下缓慢倒回车站。

(4) 若火灾发生在车辆基地

①车辆基地调度员接到报告后,立即通知当地政府急救中心、消防支队等相关单位组织救援;立即通知各有关部门领导;将基地接触网停电;利用各种手段向基地内人员发出火灾警报。

②现场总指挥到达事故现场后应迅速查看事故现场,确定影响范围,开展抢险救援工作,防止火灾火势的扩大。

4. 发生爆炸事件的应急处理

(1) 处置原则

反应迅速、报告及时、密切配合、全力以赴、疏散乘客、排除险情、减少损失、尽快恢复运营。

(2) 车站发生爆炸的应急处理

①目击者应迅速报告车站行车值班员和车站警务室。车站值班站长现场确认后,将了解到的情况立即报告控制中心和110、119、120,组织现场乘客疏散,并组织人员进行抢救和前期处理工作。同时封锁现场,设定禁行区,挽留证人,对未逃离现场的犯罪嫌疑人设法抓获。控制中心接报后立即报告安保部及企业领导,待上级领导、公安人员和消防队员到达现场后,值班站长负责介绍情况,并听从指挥。

②控制中心根据现场实际情况,发布不同的调度命令。随时了解事故现场情况,协助处理有关事宜。

(3) 列车发生爆炸的应急处理

①城市轨道交通列车在运行中发生爆炸,电力司机在立即报告行车调度员的同时应尽力将列车运行到前方车站处理。若列车无法行驶,列车司机立即向控制中心报告,控制中心立即报告安保部、企业领导和市公安机关、急救中心,并指挥电力司机按列车救援和突发事件程序处理。与此同时,注意稳定乘客情绪,做好疏散工作。

②车站员工应按照车站爆炸应急处理的分工,协助做好初期应急处置工作。

③控制中心在配合处理有关事宜工作的同时,尽力组织好全线的运营。

(4)城市轨道交通变电所发生爆炸的应急处理

①当班人员立即报告控制中心,同时做好救援及现场处理工作,控制中心立即报告安保部、企业领导和市公安机关、急救中心。

②发生断电后,按照《大面积停电应急预案》相关程序处理。

(5)控制中心发生爆炸的应急处理

①值班主任立即报告市公安机关、急救中心,同时应急指挥部组织好救援及现场处理工作,立即组织有关专业技术人员进行抢修,先恢复供电、通信功能,至少满足人工调度指挥的条件。

②各调度员立即检查设备受损、受影响情况,根据实际情况发布相应调度命令,尽力保证列车正常运营。

若现场情况恶劣,控制中心失去对全线行车指挥的控制,采用降级处理的模式维持运营。

单元5.3 伤害急救管理

一、机械伤害急救

当伤害事故发生后,应立即拨通120急救电话,报告出事地点、受伤人员及伤情,同时应根据具体情况对伤员进行现场急救。对伤员的现场抢救包括:

(1)对心跳呼吸停止者,现场施行心肺复苏。

(2)对失去知觉者宜清除口鼻中的异物、分泌物、呕吐物,随后将伤员置于侧卧位以防止窒息。

(3)对出血多的伤口应加压包扎,有搏动性或喷涌状动脉出血不止时,暂时可用指压法止血;或者在出血肢体伤口的近端扎止血带,上止血带者应有标记,注明时间,并且每20min放松一次,以防肢体的缺血坏死。

(4)遇有开放性颅脑或开放性腹部伤,脑组织或腹腔内脏脱出者,不应将污染的组织塞入,可用干净碗覆盖,然后包扎;避免进食、饮水或服用止痛剂,迅速送往医院诊治。

(5)当有木桩等物刺入体腔或肢体,不宜拔出,宜锯断刺入物的体外部分(近体表的保留一段),等到达医院后,准备手术再拔出,有时戳入的物体正好刺破血管,暂时尚起填塞止血作用,一旦现场拔除,会招致大出血而不及抢救。

(6)若有胸壁浮动,应立即用衣物、棉垫等充填后适当加压包扎,以限制浮动,无法充填包扎时,使伤员卧向浮动壁,也可起到限制反常呼吸的效果。

(7)若有开放性胸部伤,立即取半卧位,对胸壁伤口应进行严密封闭包扎,使开放性气胸改变成闭合性气胸,速送医院。救护人员中若能断定张力性气胸者,有条件时可进行穿刺排气或上胸部置引流管。

(8) 对骨折者,就地取材固定骨折的肢体,防止骨折的再损伤。

二、触电伤害急救

1. 脱离电源

触电者触及低压带电设备,救护人员应设法迅速切断电源,如拉开电源开关或刀闸、拔除电源插头等;或者使用绝缘工具、干燥的木棒、木板、绳索等不导电的东西解脱触电者;或者抓住触电者干燥而不贴身的衣服,将其拖开,切记要避免碰到金属物体和触电者的裸露身躯;戴绝缘手套或将手用干燥衣物等包起绝缘后解脱触电者;救护人员也可站在绝缘垫上或干木板上,绝缘自己进行救护。为使触电者与导电体解脱,最好用一只手进行。如果电流通过触电者入地,并且触电者紧握电线,可设法用干木板塞到身下,与地隔离,也可用干木把斧子或有绝缘柄的钳子等将电线剪断。剪断电线要分相,一根一根地剪断,并尽可能站在绝缘物体或干木板上。

触电者触及高压带电设备,救护人员应迅速切断电源,或用适合该电压等级的绝缘工具(戴绝缘手套、穿绝缘靴并用绝缘棒)解脱触电者。救护人员在抢救过程中应注意保持自身与周围带电部分必要的安全距离。

如果触电者触及断落在地上的带电高压导线,且尚未确证线路无电,救护人员在未做好安全措施(如穿绝缘靴或临时双脚并紧跳跃地接近触电者)前,不能接近断线点至8~10m范围内,防止跨步电压伤人。触电者脱离带电导线后应迅速带至8~10m范围以外,然后立即开始触电急救。只有在确证线路已经无电,才可在触电者离开触电导线后,立即就地进行急救。

救护触电伤员切除电源时,有时会同时使照明失电,因此应考虑事故照明、应急灯等临时照明。新的照明要符合使用场所防火、防爆的要求,但不能因此延误切除电源和进行急救。

2. 伤员脱离电源后的处理

(1)触电伤员为意识清醒者,应使其就地躺平,严密观察,暂时不要站立或走动。

(2)触电伤员为意识不清醒者,应就地仰面躺平,且确保气道通畅,并用5s时间,呼叫伤员或轻拍其肩部,以判定伤员是否意识丧失。禁止摇动伤员头部呼叫伤员。

3. 心肺复苏法

触电伤员呼吸和心跳停止时,应立即进行心肺复苏[通畅气道;口对口(鼻)人工呼吸;胸外按压(人工循环)],正确进行就地抢救。

4. 口对口(鼻)人工呼吸

在保持伤员气道通畅的同时,救护人员用放在伤员额上的手指捏住伤员鼻翼,救护人员深吸气后,与伤员口对口紧合,在不漏气的情况下,先连续大口吹气两次,每次1~1.5s。如两次吹气后试测颈动脉仍无搏动,可判断心跳已经停止,要立即同时进行胸外按压。

触电伤员如牙关紧闭,可口对鼻人工呼吸。口对鼻人工呼吸吹气时,要将伤员嘴唇紧闭,防止漏气。

5. 胸外按压

(1) 使触电伤员仰面躺在平硬的地方，救护人员立或跪在伤员一侧肩旁，救护人员的两肩位于伤员胸骨正上方，两臂伸直，肘关节固定不屈，两手掌根相叠，手指翘起，不接触伤员胸壁。

(2) 以髋关节为支点，利用上身的重力，垂直将正常成人胸骨压陷3~5cm（儿童和瘦弱者酌减）。

(3) 压至要求程度后，立即全部放松，但放松时救护人员的掌根不得离开胸壁。按压必须有效，有效的标志是按压过程中可以触及颈动脉搏动。

操作频率：

胸外按压要以均匀速度进行，每分钟80次左右，每次按压和放松的时间相等；胸外按压与口对口（鼻）人工呼吸同时进行，气节奏为：单人抢救时，每按压15次后吹气2次（15:2），反复进行；双人抢救时，每按压5次后由另一人吹气1次（5:1），反复进行。

在医务人员未接替抢救前，现场抢救人员不得放弃现场抢救。

6. 抢救过程中伤员的移动与转院

(1) 心肺复苏法应在现场就地坚持进行，不要为方便而随意移动伤员，如确需要移动时，抢救中断时间不应超过30s。

(2) 移动伤员或将伤员送医院时，除应使伤员平躺在担架上并在其背部垫平硬阔木板，移动或送医院过程中还应继续抢救，心跳呼吸停止者要继续心肺复苏法抢救，在医务人员未接替救治前不能终止。

三、其他伤害急救

1. 化学物品伤害急救

(1) 气体中毒。迅速将伤员救离现场，搬至空气新鲜、流通的地方，松开领口、紧身衣服和腰带，以利呼吸畅通，使毒物尽快排出，有条件时可接氧气。同时要保暖、静卧、并密切观察伤者病情的变化。

(2) 毒物灼伤。应迅速除去伤者被污染的衣服、鞋袜，立即用大量清水冲洗（时间一般不能少于15~20min），也可用中和剂（弱酸、弱碱性溶液）清洗。对一些能和水发生反应的物质，应先用棉花、布和纸吸除后，再用水冲洗，以免加重损伤。

(3) 口服非腐蚀性毒物。首先要催吐。若伤者意识清醒，能配合时，可先设法引吐，即用手指、鸡毛、压舌板或筷子等刺激咽后壁或舌根引起呕吐，然后给患者饮温水300~500mL，反复进行引吐，直到吐出物已是清水为止。

伤者严重中毒昏迷不醒时，对心跳、呼吸停止者，要进行人工呼吸和胸外心脏按压。同时，迅速送就近医院进行诊断治疗。在送医院途中，要坚持进行抢救，密切注意伤者的意识、瞳孔、呼吸、脉搏及血压等情况。

2. 创伤急救

(1) 创伤急救的基本要求

创伤急救原则上是先抢救，后固定，再送医院，并注意采取措施，防止伤情加重或污染。

需要送医院救治的,应立即做好保护伤员措施后送医院救治。

抢救前先使伤员安静躺平,判断全身情况和受伤程度,如有无出血、骨折和休克等。

外部出血立即采取止血措施,防止失血过多而休克。外观无伤,但呈休克状态,意识不清或昏迷者,要考虑胸腹部内脏或脑部受伤的可能性。

为防止伤口感染,应用清洁布片覆盖。救护人员不得用手直接接触伤口,更不得在伤口内填塞任何东西或随便使用药物。

搬运时应使伤员平躺在担架上,腰部束在担架上,防止跌下。平地搬运时伤员头部在后,上楼、下楼、下坡时头部在上,搬运中应严密观察伤员,防止伤情突变。

(2) 止血

伤口渗血:用较伤口稍大的消毒纱布数层覆盖伤口,然后进行包扎。若包扎后仍有较多渗血,可再加绷带适当加压止血。

当伤口出血呈喷射状或有鲜红血液涌出时,立即用清洁手指压迫出血点上方(近心端),使血流中断,将出血肢体抬高或举高,以减少出血量。

当用止血带或弹性较好的布带等止血时,应先用柔软布片或伤员的衣袖等数层垫在止血带下面,再扎紧止血带以刚使肢端动脉搏动消失为度。上肢每60min、下肢每80min放松一次,每次放松1~2min。开始扎紧与放松的时间均应书面标明在止血带旁。扎紧时间不宜超过4h。不要在上臂中1/3处和腋窝下使用止血带,以免损伤神经。

高处坠落、撞击、挤压可能导致人体胸腹内脏破裂出血。受伤者表现为外观无出血但常面色苍白,脉搏细微,气促,冷汗淋漓,四肢厥冷,烦躁不安,甚至意识不清等休克状态,此时应迅速躺平,抬高下肢,保持温暖,速送医院救治。若送院途中时间较长,可给伤员饮用少量糖盐水。

3. 休克

(1) 平卧位,下肢应略抬高,以利于静脉血回流。如有呼吸困难可将头部和躯干抬高一点,以利于呼吸。

(2) 保持呼吸道通畅,尤其是休克伴昏迷者。方法是将病人颈部垫高,下颌抬起,使头部最大限度地后仰,同时头偏向一侧,以防呕吐物和分泌物误吸入呼吸道。

(3) 注意给体温过低的休克病人保暖,盖上被、毯。但伴发高烧的感染性休克病人应给予降温。

(4) 必要的初步治疗。因创伤骨折所致的休克给予止痛,骨折固定;烦躁不安者可给予适当的镇静剂;心源性休克给予吸氧;等等。

(5) 注意病人的运送。现场抢救条件有限,须尽快送往有条件的医院抢救。对休克病人搬运越轻越少越好,应送到离现场最近的医院为宜。在运送途中,应有专人护理,随时观察病情变化,最好在运送中对病人采取吸氧和静脉输液等急救措施。

4. 中暑

(1) 中暑的原因

中暑是指人体在高温或烈日下,体温调节功能紊乱、散热机能发生障碍,热能积累所致的以高热、无汗及中枢神经系统症状为主的综合征。中暑的原因如下:

①环境因素。主要有高温、高湿、风速小。

②自身因素。主要有产热增加、热适应差、散热障碍。

(2) 中暑症状

①先兆中暑。病人常常感到大量出汗,头晕、眼花,无力、恶心、心慌,气短,注意力不集中,定向力障碍。体温常常小于37.5℃。在离开高温作业环境进入阴凉通风的环境时,短时即可恢复正常。

②轻症中暑。病人除有先兆症状外,有的表现为体温升高至38℃以上,皮肤灼热、面色潮红;面色苍白,呕吐,皮肤湿冷,脉搏细弱,血压下降等表现,通常休息后体温可在4h内恢复正常。

③重症中暑。上述症状进一步加重。中暑衰竭主要表现为皮肤苍白,出冷汗,肢体软弱无力,脉细速。血压下降,收缩压降至80mmHg以下,呼吸浅快,意识模糊或昏厥。日射病主要表现为剧烈头痛、头晕、耳鸣、呕吐、面色潮红、头温40℃以上,体温一般正常,严重者昏迷。中暑高热主要表现为体温高达40℃以上,伴有晕厥,皮肤干燥灼热,头痛、恶心、全身乏力,脉快,意识模糊,严重时引起脏器损害而死亡。

(3) 中暑的现场急救措施

①搬移。迅速将患者抬到通风、阴凉、干爽的地方,使其平卧并解开衣扣,松开或脱去衣服,如衣服被汗水湿透应更换衣服。

②降温。患者头部可搭上冷毛巾,可用50%酒精、白酒、冰水或冷水进行全身擦浴,然后用电扇吹风,加速散热。有条件的也可用降温毯给予降温。但不要快速降低患者体温,当患者体温降至38℃以下时,要停止一切冷敷等强降温措施。

③补水。当患者仍有意识时,可给一些清凉饮料,在补充水分时,可加入少量盐或小苏打水。但千万不可急于补充大量水分,否则,会引起呕吐、腹痛、恶心等症状。

④促醒。病人若已失去知觉,可指掐其人中、合谷等穴,使其苏醒。若病人呼吸停止,应立即实施人工呼吸。

⑤转送。对于重症中暑病人,必须立即送医院诊治。搬运病人时,应用担架运送,不可使患者步行,同时运送途中要注意,尽可能地用冰袋敷于病人额头、枕后、胸口、肘窝及大腿根部,积极进行物理降温,以保护大脑、心肺等重要脏器。

想一想

发生地震的应急方案有哪些?

实训任务4 机械伤害急救

机械伤害急救见本教材所附实训任务4。

实训任务5 触电伤害处理

触电伤害处理见本教材所附实训任务5。

复习思考题

一、选择题

1. 胸外按压要以均匀速度进行,每分钟(　　)次左右。
   A. 60　　　　　　　B. 70　　　　　　　C. 80　　　　　　　D. 120
2. 用止血带或弹性较好的布带等止血时,扎紧时间不宜超过(　　)小时。
   A. 一　　　　　　　B. 二　　　　　　　C. 三　　　　　　　D. 四

二、填空题

1. 列车应急设备主要包括_____、紧急报警装置、灭火器、紧急开门装置等。
2. 应急疏散门安装于_____。
3. 每车站配备_____条湿毛巾,当车站发生火灾、生化恐怖袭击时,用于分发给乘客使用。

三、判断题

1. 用止血带或弹性较好的布带等止血时,上肢每30分钟、下肢每40分钟放松一次。（　　）
2. 一般情况下,车辆内配备的灭火器型号均为6kg。（　　）
3. 一旦发生大面积停电,地铁员工在确保自身安全的情况下应坚守岗位,沉着冷静,自觉维持地铁运营秩序,稳定乘客情绪,积极疏散乘客,尽力保证乘客安全。（　　）

四、简答题

1. 列车应急设备有哪些?

2. 简述突发事件应急救援的基本任务。

模块 6
城市轨道交通事故分类及事故处理

教学重点

1. 掌握城市轨道交通事故分类；
2. 了解城市轨道交通事故处理程序。

建议学时

8 学时

城市轨道交通作为大容量的公共交通工具，直接关系着广大乘客的生命安全。"安全运营"一直是其完成运输任务的首要目标和基本原则。因此，分析城市轨道交通事故产生的主要因素以及影响程度，制定预防事故相关对策以及突发事故后的救援措施，对于改善城市轨道交通系统的运营安全现状、预防事故的发生和降低事故损失都具有十分重要的意义。

单元 6.1　城市轨道交通事故分类

一、城市轨道交通安全运营状态

按照运营的安全水平，城市轨道交通系统运营状态可以分为正常运营、非正常运营和紧急运营三种状态，如图6-1所示。正常运营是按照排定的列车运行图和工作秩序进行运营的状态，系统运行正常，运输需求和系统的供给能力相匹配，系统状态较为稳定。非正常运营状态是指城市轨道交通系统运营中出现了不良的影响因素，如夜间晚点、区间堵塞、列车故障、早晚高峰客流等，对这些现象和问题应及时组织相应调整方案，积极消除不稳定因素的影响，重视不够或调整不及时可能会导致严重后果。紧急运营状态是指城市轨道交通系统自身出现较为严重的机械、运行、服务故障，或者遭遇到严重的、外部灾害影响，从而导致系统的运营能力减弱或停止，严重影响到系统稳定性和乘客的人身安全。

图 6-1 城市轨道交通运营状态示意图

二、城市轨道交通故障和事故

影响城市轨道交通系统运营安全和可靠性的因素统称为事件。根据其发生的原因、特点以及造成的后果和影响,可分为故障、事故两类。

故障是指因设备质量原因或操作不当导致设备无法正常使用,须人工干预或维修的事件。根据表现和影响程度,故障可分为轻微故障、一般故障和严重故障。轻微故障可以迅速排除,一般不会影响运营可靠性;一般故障将造成短时间的列车运行秩序混乱,部分列车运行延误;严重故障则会导致较长时间的运营中断,严重影响系统运营可靠性。按照设备类型和原因,故障又可分为列车车辆故障、线路故障、供电系统故障、通信信号系统故障、环控设备故障、车站客运设施故障等。

事故是指因故障或工作人员操作不当或管理人员指挥不力而造成人员伤亡、设备损坏。事故根据其表现、影响程度与范围,可分为一般事故、险性事故、大事故、重大事故等;按其专业性质可分为行车事故、客运组织事故、电力传输事故。

引起非正常运营状态和紧急运营状态的原因很多,按照灾害类别分类,分为以下几种:

(1)设备、硬件故障引起的:运营中断事故,如车辆故障、线路故障和各种设备故障引起的行车事故。

(2)以外危险事件和各种自然灾害引起的:系统内部秩序混乱和运营中断,如火灾事故、水灾事故、爆炸事故、恐怖袭击事件等。

(3)个别站点或中转换乘站突发集中大客流:没有得到预报信息的情况下,产生系统流量骤增、售票厅和通道站台拥堵等现象,发生拥挤/踩踏事故、运营行车事故、设施设备事故、客伤事故、火灾事故、因工伤亡事故、道路交通事故、运营严重晚点事件。

根据事故和故障导致的后果又可分为可控事件和不可控事件。可控事件是指该时间在发生前是可以控制的,是可以通过一些手段和措施避免的,但是由于人为的疏忽或管理不当导致该事件最终发生。这种事件往往在发生前会出现一些征兆,只要采取合理的措施就可以避免它的发生。而不可控事件具有不确定因素,一个点、一个线都可能导致它的发生,是人力难以避免的。不可控事件又称突发事件,在城市轨道交通运营中一般是指由故障、事故或其他原因(如人为、环境、社会事件等)引起的、突然发生的、严重影响或可能影响运营安全与秩序的事件。

根据其影响程度与范围可分为一般突发事件、险性突发事件、大突发事件和严重突发事件等;根据其引发原因又可分为运营引发突发事件、外来人员引发突发事件、环境引发突发事件等。

三、城市轨道交通事故的判定标准

事故一旦产生,将导致人员伤亡、财产损失、影响公共安全、城市轨道交通非正常运营等后果,这些可能的后果也是城市轨道交通事故的主要判定依据,具体包括:

(1)城市轨道交通线路中断运营的时间。
(2)人员死亡和重伤的人数。
(3)直接经济损失的金额。
(4)是否需要紧急疏散乘客,或需紧急解困人员。
(5)是否发生在城市轨道交通路网内,是否需要相关部门处置和协调。
(6)是否需要政府机关处置或响应。

不同的城市轨道交通系统可根据各自的运营实践制定不同的事故等级标准。

1. 运营行车事故

城市轨道交通运营行车事故按照人员伤亡、财产损失及正常运行造成影响的程度,分为重大事故、大事故、险性事故、一般事故。不同的城市轨道交通系统可根据各自的运营实践制定不同的事故等级标准。事故等级划分示例如下。

(1)载客列车重大事故

当列车发生冲突、脱轨、火灾或爆炸,造成下列后果之一时:

①人员死亡3人或者重伤25人及其以上者。
②双线中断时间在150min及其以上。
③根据列车、车辆破损的规定,电动客车中破一辆(直接经济损失为现值的40%~60%)。

(2)载客列车大事故

当列车发生冲突、脱轨、火灾或爆炸,造成下列情况之一时:

①人员死亡或重伤2人及其以上者。
②双线中断行车90min及其以上者。
③根据机车、车辆破损规定,电动客车小破一辆(直接经济损失为现值的10%~40%)。

(3)险性事故

凡事故性质严重,单位造成损害后果或者损害后果不够认定为大事故的行车事故,如:列车冲突;列车脱轨;列车分离;载客列车错开车门、运行途中打开车门、车位停稳开车门;载客列车车门夹人动车;列车冒进信号;等等。

(4) 一般事故

调车冲突,调车脱轨;调车作业冒进信号;列车运行中,因车辆部件脱落或其他原因损坏行车设备;行车有关人员漏乘、漏接、出乘迟延耽搁列车行车造成影响的;错误办理行车凭证发车;等等。

2. 设施、设备故障

凡是设施和设备的操作人员在工作中因违章操作、失职或设备隐患等原因,造成设备损坏损失达到一定程度或对列车运行造成严重影响的均属设备事故。

(1) 重大事故:因违章操作、失职或设施设备故障等原因造成直接经济损失 30 万元以上的。

(2) 大事故:因违章操作、失职或设施设备等原因造成直接经济损失 10 万~30 万元的。

(3) 一般事故:因违章操作、失职或设施设备等原因造成直接经济损失 5 万~10 万元的。

(4) 故障和障碍:因违章操作、失职或设施设备等原因造成直接经济损失 5 万元以内的。

(5) 电动列车事故等级按所在城市的《城市轨道交通行车事故处理规则》确定。

3. 客伤事故

在城市轨道交通运营区域内,持有当日档次有效乘坐地铁有关凭证(持有效证件享受免费乘坐),经验票进站始至验票出付费区检验票闸机外,在企业管辖的附属设施(如出口、自动扶梯、通道等)区域内因乘客受伤构成的事故。

4. 因工伤亡事故

因工伤亡事故是指职工在劳动过程中发生的伤害、急性中毒等事故。按照事故伤害的严重程度分为轻伤、重伤、死亡事故。

5. 运营严重晚点事故

凡在行车过程中因违章操作、技术设备不良及其他等原因造成一定时间标准,如 10min、15min、30min 及以上的严重晚点事故。

6. 行车事故中的名词定义

(1) 车辆破损范围界定:(电动列车以一节车辆为基数)

① 报废:直接经济损失为现值的 90% 以上。

② 大破:直接经济损失为现值的 60%~90%。

③ 中破:直接经济损失为现值的 40%~60%。

④ 小破:直接经济损失为现值的 10%~40%。

(2) 列车:须有规定的列车标志,从始发站至到发线,直至再回到终点站位置,在此运行过程中的列车。

(3) 列车事故:

① 轨道车单机或挂有平板车(有车次号)进入运营线路发生事故。

② 列车与其他调车作业机车和车辆相互冲撞而发生事故。

③列车在车场内调车方式进行摘挂和转线而发生事故。

④列车载客运行时发生事故。

(4)其他列车:包括空驶列车、救援列车、调试列车、轨道单车机或挂有车辆开动的列车。

(5)冲突:列车、车辆、轨道车互相间或与设备(如车库、站台、车挡等)以及其他车辆间发生冲撞,造成电动列车、轨道车和其他车辆破损或破坏。

(6)脱轨:电动列车、轨道车、平板车的车轮落下钢轨轨面(包括脱轨后自行复轨)。

(7)列车分离:包括车钩破损分离和车钩自动分离(含车钩缓冲装置的破损)。

(8)挤岔:车辆在通过道岔区段时挤坏道岔设备。

(9)列车冒进信号:列车前端任何一部分越过固定信号显示位置即列车冒进信号,包括临时变更信号(不论原因)而使列车冒进。

(10)单线中断行车:上、下行线中任何一条线上有一个车站或区间发生了行车中断。

(11)行车中断时间:指由事故发生时间起至行车调度员发出线路开通命令时止的时间。

(12)应停列车在车站通过:指应停列车未办理有关上下客作业就开走,或列车在车站停车但未开关门上下乘客就开走。

单元6.2　城市轨道交通事故处理

事故的分析、调查、处理是事故发生后的重要环节,目的是及时恢复正常,找出事故发生的原因和形成机制,并制定相应的措施、方法与手段。

一、分级处理

根据发生事故的隶属关系和事故的等级分类,按照分级管理原则予以处理。

(1)凡发生下列重特大安全生产事故的,由城市轨道交通安全管理部门或者配合上级有关部门调查处理:

①城市轨道交通发生重大事故、大事故、火灾、爆炸、毒害等事故。

②造成2人(含)以上死亡的重特大交通事故。

(2)凡发生下列安全生产事故的,由城市轨道交通安全管理部门具体负责调查处理:

①发生行车的险性事故、涉及两个单位以上的一般事故。

②发生火灾、爆炸、毒害事故,造成人员伤亡的或直接财产损失达到一定数额的。

③发生因工死亡事故。

④发生重大道路交通事故。

⑤设施设备重大事故、大事故或涉及两个单位以上的一般事故。

⑥在短时间内连续发生多起安全事故。

⑦因人员违规操作或行车设备故障造成严重晚点15min或30min以上的事件。

⑧城市轨道交通安全管理部门安全生产委员会认为要调查处理的事故。

(3)凡发生下列安全生产事故的,由各直属单位具体负责调查处理:

①发生行车的一般事故。
②因人员违规操作或行车设备故障造成晚点10min以上事件。
③发生因工轻伤、重伤事故。
④发生设施设备一般事故、故障和障碍。
⑤客伤事故。

二、处理程序

1. 事故报告

事故处理直接关系到事故发生后的处置,以及事故发生后能否及时、迅速地恢复运营线路正常行车秩序。良好畅通的信息传递能够使事故损失降到最低。反之如果由于信息传输程序复杂、混乱,将会引起事故后果与损失扩大,不良影响扩大,延误事故的处理。

事故报告的主要内容包括:
①事故基本情况,包括事故经过、人员伤亡、财产损失等。
②事故原因,包括直接原因、间接原因、事故性质及认定依据。
③事故有关人员的责任认定和处理意见。
④事故的教训及采取的防范措施。
⑤员工受教育情况。
⑥其他需要报告的事项。

2. 调查分析

各处理职责单位应按照职责要求,开展事故的调查取证工作。事故调查相关教学资源见二维码10、11。

事故调查1：调查的目的和意义　　事故调查2："四不放过"原则

(1) 调查分析依据

①根据相关法律法规,分析火灾事故和因工伤亡事故的主要原因分别以《火灾原因认定书》《企业职工伤亡事故报告和处理规定》和市、区安全生产监督局制定的文件和法律文书有关规定为准。

②分析城市轨道交通事故、设施设备事故、客伤事故发生的原因可以按照城市轨道交通企业制定的各类规章制度为准。

(2) 调查分析要求

①查清事故原因。

调查事故的原因应从主观原因和客观原因、直接原因和间接原因、管理原因和技术原因等角度多层次、全方位地分析查找,对一时难以查清的,要采用挂牌制度,定时间、排节点,落实负责人,落实有效的安全防范措施,以确保安全。

②组织安全再教育。

各单位必须针对所暴露的安全隐患,通过召开事故分析会、班组学习等形式,有针对性地开展员工安全教育,要从安全法规、安全意识、安全技能、事故教训、预防措施等方面着手,让每个员工都能吸取教训,举一反三,增强防范意识。安全教育必须做到有内容、有记录,实行备案制。

③制定预防措施。

在查清事故原因的基础上,应及时制定及落实安全预防整改措施。预防措施的落实,必须建立安全责任制,落实到责任部门和责任人,做到明确期限,并从人力、物力、财力上给予必要的保证,确保措施真正落到实处。

④调查分析时间要求。

调查工作中注意原始操作资料的收集、分析工作,并要求在规定的时间内完成事故(件)的调查取证工作,并提出相应的处理意见报告。

三、实例:行车事故的处理程序

不同的城市轨道交通系统可根据各自的运营实践和线路等设备情况,制定不同的事故处理程序。

1. 行车事故现场报告内容

无论行车事故的性质如何,在发生有关行车事故(事件)后其报告内容应包括:

(1)事故概况及基本原因。

(2)事故发生的时间,包括月、日、时、分。

(3)事故发生的地点,包括区间、千米、米、站、站场线段等。

(4)列车车次、车号、关系人员职务、姓名。

(5)人员伤亡情况及车辆、线路等城市轨道交通设备损坏情况。

(6)是否需要救援等。

在紧急情况时,特别是在发生重大事故和大事故时,由于现场情况和环境情况很复杂、混乱,事故当事人可先报告上述部分内容,但必须报清事故发生的地址、事故概况及可能的后果,是否需要救援帮助,以利于行车安全管理部门以及有关管理人员和领导决策。

必须进行现场事故抢救和救援时,行车调度员及时通知各相关部门。各相关部门一旦接到行车调度员以及上级有关领导的通知时须尽快做好救援准备,及时组织展开救援工作。

2. 行车事故报告程序

(1)发生重大事故、大事故时的报告程序

①在运营正线上发生时:

a.由值乘列车的司机立刻报告行车调度员,如果由于条件限制不能及时报告时,可由相邻车站行车值班员转报行车调度员。

b.行车调度员应将发生情况立刻报告调度中心上级领导,并且判断是否需要出动救援列车。

c.控制中心接报后应将情况立刻报告总公司主管运营和安全的相关科室负责人。

②在站场上发生时:

a.由值乘司机立刻报告车辆段运转部门值班人员。

b.车辆段运转部门值班人员或信号值班员立即报告车辆段值班调度员与安全运行科,如需要事故救援时由安全运行部门立刻组织事故救援工作的开展。

c.车辆段计划调度科值班调度员接报后立刻报告车辆部门主要领导,总值班室。

d.总值班室接报后应报告总公司主管运营和安全的相关科室负责人。

(2)发生行车险性事故及一般事故的报告程序

①在运营正线上发生时:

a.有值乘列车的司机立即报告行车调度员,如果由于条件限制不能及时报告时,则由最近车站的行车值班员转报行车调度员。

b.行车调度员接报后立即报告主任调度员,并且判断是否需要事故救援。

c.总值班室接报后应报告总公司主管运营和安全的相关科室负责人。

②在站场上发生时:

a.由值乘司机立刻报告车辆段运转部门值班人员。

b.车辆段运转部门值班人员接报后应立即报告运转部主任、车辆段值班调度员与安全运行科,如需要事故救援则报告安全运行部门,并立即组织事故救援工作的开展。

c.车辆段计划调度科值班调度员要立即通报车辆部门主要领导,并通报总值班室。

d.总值班室接报后应报告总公司主管运营和安全的相关科室负责人。

3. 行车事故的处理

(1)行车事故现场处置

在事故报告程序完成后,有关人员要迅速进行事故现场的处置。若事故发生在线路期间,在专业人员及救援人员到达事故现场前,值乘司机负责引导乘客自救、组织疏散、安抚乘客等工作,等待进一步救援;在有关救援人员到达后,应由事故现场的最高行政领导负责或委任相关专业人员负责指挥抢救、处理善后工作。

若事故发生在车站时,应由车站站长负责乘客救援,组织乘客离开现场,并保护现场、查找证人、做好记录,或者等待有关救援人员与相关领导到达进行进一步救援活动,车站站长应在救援专业人员到达后向有关领导报告,并听从到达现场的最高行政领导和最高行政领导委任的救援指挥员的命令。现场勘查工作由行车管理部门与公安部门按规定进行。

在险性事故和一般事故发生后,值乘司机必须按规定程序要求报告,并且等待行车调度员的进一步命令指示,按要求执行,不得擅自移动列车。如需事故救援时,值乘司机应按照规定要求救援,并在救援人员和设备到现场前负责列车安全、乘客安全等工作。在救援人员到达后组织现场指挥人员简单报告情况,并按行车调度员或指定的事故救援指挥人员的命令执行。关于事故现场的勘测工作由行车管理部门按规定进行。

（2）事故调查、分析

当重大事故和大事故发生后,应成立专门的事故处理调查小组,各有关部门协同负责调查、处置、协调、善后、分析等各项工作,包括现场摄、录像及绘制现场草图、设备检测、手机物证、询问人证、调查记录现场情况等。

值乘司机和事故有关人员要积极配合,实事求是地提供当时情况报告,便于掌握现场真实资料,以评定和分析事故产生的原因及确定事故责任,明确事故责任者和事故关系者,制定防范措施。

当险性事故和一般事故发生后,如涉及两个以上直属单位时,由城市轨道交通企业负责调查,在规定的时间内将事故调查报告上报,并提出防范措施。对责任单位无意义的险性事故,由险性事故责任单位组织调查分析,明确原因与责任者,提出处理意见,制定防范措施。对涉及一个单位的一般事故,由责任单位调查分析,找出原因判定责任,并对责任者进行处理,制定事故处理措施。

与险性事故和一般事故有关的人员必须配合调查分析,如实报告情况,不得隐瞒事实,对推脱责任、拖延调查、隐瞒真相的个人与单位部门,经查实予以从重处理。

对事故涉及城市轨道交通以外单位的调查,由城市轨道交通企业事故调查处理小组与相关单位协调处理,必要时提请司法部门裁决处理,凡行车事故涉及刑事责任的调查、处理由公安部门负责,事故有关单位、个人协助配合调查工作。

知识链接

案例分析:城市轨道交通火灾处理预案

城市轨道交通消防安全隐患主要由人为因素所致,如工作人员违章操作或用电不慎、乘客违反安全乘车规定携带易燃易爆物品上车、设备维护不及时等,都容易导致地铁发生火灾。

以下将重点分析列车在区间隧道以及在车站内发生火灾等情况下的处理预案。

1. 列车在区间隧道发生火灾

列车在隧道内通行的时间是短暂的。在一般情况下,列车内的材料、隧道内的设备、电缆、管道以及其他材料是不会燃烧的。

如果列车在运行过程中(如在区间隧道)发生火灾时,应尽可能驶入前方车站,利用前方车站疏散乘客。如果列车不能驶入前方车站,停在区间隧道,必须紧急疏散乘客。当车头着火时,乘客从车尾下车后步行至后方的车站;当车尾着火时,乘客从车头下车后步行至前方车站;当列车中部着火时,乘客从列车两端下车后步行至前、后方车站。

根据事故救援的要求,合理确定隧道内的事故风机的送风方向;迅速启动隧道通风系统,排除烟气,并向乘客提供必要的新鲜空气,形成一定的迎面风速,诱导乘客安全撤离;立即中止本区间的列车运行,另一条隧道线路也应立即停止正常行车。

图 6-2 为车站火灾救援处理工作程序,图 6-3 为隧道区间内的火灾救援处理工作程序。

图 6-2　车站火灾救援处理工作程序

图 6-3　隧道区间内的火灾救援处理工作程序

2. 列车在车站内发生火灾

车站内发生的火灾可分为站台火灾和站厅火灾。无论发生哪种火灾,都应立即采取紧急措施,第一时间安全疏散乘客,同时停止车站空调水系统,并将地铁车站通风、空调系统转入火灾模式。当列车在车站内发生火灾时,可以利用车站楼梯、出入口迅速疏散乘客。

综上所述,在地铁火灾发生时以下技术手段和管理措施是必须具备的:

（1）列车在运行过程中发生火灾时，应尽可能驶向前方车站，利用车站站台疏散乘客，利用车站隧道防排烟系统排除烟气。

（2）如果列车停在区间，隧道通风系统根据多数乘客疏散方向向反方向送风，进风的强度和时间长短应根据实际情况掌握。

（3）当同一区间的其中一条隧道发生火灾时，另一条隧道也应立即停止正常行车。防排烟系统的火灾运行模式应经过多次实地试验，确定最佳组合。

（4）火灾安全疏散程序应经常进行模拟演练。不断检查各部门及各工种的互相协调、互相配合以及快速反应能力，提高安全疏散能力和综合救援能力。

（5）工作人员专业知识、受训程度、工作态度的培养以及乘客的安全意识和安全知识的普及。

复习思考题

一、选择题

1. 人员死亡3人以上、重伤25人及其以上者称为（　　）。
   A. 重大事故　　　　B. 一般事故　　　　C. 轻微事故　　　　D. 普通事故

2. 因人员违规操作或行车设备故障造成晚点（　　）分钟以上的事件，由各直属单位具体负责调查处理。
   A. 5　　　　　　　B. 10　　　　　　　C. 15　　　　　　　D. 30

二、填空题

1. 接照运营的安全水平，城市轨道交通系统运营状态可以分为正常运营、_____和紧急运营3种情况。

2. 根据其发生的原因、特点以及造成的后果和影响，事件可分为_____、故障两类。

3. 故障根据表现和影响程度可分为轻微故障、_____和严重故障。

4. 事故根据其表现、影响程度与范围，可分为一般事故、_____、大事故、重大事故等。

三、名词解释

1. 事件：
2. 可控事件：
3. 事故：

四、简答题

1. 简述城市轨道交通事故的主要判定依据。
2. 简述事故报告的主要内容。

模块 7
城市轨道交通事故案例分析

教学重点

1. 结合案例,熟悉城市轨道交通事故类型;
2. 结合案例,了解城市轨道交通事故发生原因;
3. 结合案例,掌握城市轨道交通事故防范措施。

建议学时

12 学时

单元 7.1　设备事故

📖 案例一

简化作业流程,带电错挂接地线

1. 事故概况

某天,接触网甲班在车辆段配合机电检修作业,需在 A1 区两端封挂接地线。甲班王某接到电力调度员命令后和李某去挂接地线,为节省时间,王某、李某各自单独挂一组接地线。王某来到 A1 区的一端,用验电器验明接触网无电后,立即挂上接地线;此时,在 A1 区另一端的李某,为贪图方便,经问得知王某已经验明无电后,便直接挂接地线,当李某将接地线的上端头往接触线靠近时,立刻听见"砰"的一声响,同时出现火光。王某听到响声后立刻跑过来,经现场确认,李某越过了分段绝缘器,将接地线错挂到带电的 B1 区接触网上,造成 B1 区短路跳闸。

2. 原因分析

(1) 李某违反安全操作规程,简化作业流程。李某在得知王某验明无电的情况下,自认为接触网已停电,可以节省验电环节,简化了作业流程,将接地线错挂到带电的接触网上,造成事故,李某的这一行为严重违反了安全工作规程。

(2) 未执行"一人操作,一人监护"制度。王某、李某两人为贪快省事,各自独自去挂一组接地线,未执行"一人操作,一人监护"制度,违反了《接触网安全工作规程》。

(3) 李某走错位置,越过了分段绝缘器,将接地线挂到了带电的接触网上。

3. 防范措施

(1) 加强规章制度培训,增强员工安全意识,严禁简化作业流程,严格按停电、验电、封挂接地的流程进行接触网挂接地线作业。

(2)接触网挂接地线和倒闸操作时,要严格执行"一人操作,一人监护"制度。

(3)全面进行作业安全检查和整顿,严禁违章作业,特别是对习惯性违章行为必须坚决查处。

案例二

违反操作规程,带接地线合闸造成供电事故

1. 事故概况

某日,某地铁运营企业一接触网工班在车辆段列检库2、3道进行接触网检修作业,完成作业时已超过检修计划时间,作业负责人王某为了快点送电,早点回去休息,在没有消除"接触网停电作业命令"、没有得到控制中心电力调度员许可倒闸命令、没有监护人、没有确认接地线已被撤除的情况下,要求作业组成员李某合上D77隔离开关,从而造成接触网对地短路事故。该事故造成接触网两处轻微烧伤,钢轨与接地线接触处表面烧伤,两根接地线线夹烧伤。

2. 原因分析

(1)违章指挥。作业负责人王某简化了接触网检修作业程序,严重违反了《接触网安全工作规程》,在未办理施工检修结束手续、没有撤除接地线、不具备送电条件且没有电力调度员命令的情况下,违章指挥李某合闸送电,造成本事故。

(2)违章操作。作业组成员李某在没有电力调度员命令的情况下,对作业负责人王某的违章指挥没有拒绝执行或提出异议,违章合闸送电,造成本事故,违反了《接触网安全工作规程》。

(3)作业组成员李某合闸送电时没有严格执行操作隔离开关时"一人操作,一人监护"制度,没有落实"三控"(自控、互控、他控)措施。其他作业人员对上述违章行为,未能及时制止。

3. 防范措施

(1)加强班组作业安全和业务学习,增强员工的安全意识和业务技能。

(2)加强《接触网安全工作规程》的培训,规范作业流程,严禁简化作业流程,拒绝违章指挥和强令冒险作业。

(3)作业过程中要严格执行"三控"(自控、互控、他控)规定,防止类似事故发生。

单元7.2 工伤事故

案例

未按规定使用劳动防护用品造成工伤事件

1. 事故概况

某日,某地铁运营企业当班房建检修工甲接到某站门体故障的报告,便与房建检修工乙前往处理。在维修门体过程中,甲把门推开,此时门后一条约6m长的60mm×60mm的角钢

倒下,甲躲闪不及,左脚大拇指被角钢砸伤,无法走路,乙见状立即送甲去医院检查,照X光片显示甲左足第一趾骨骨折。

2. 原因分析

(1)物料乱堆放,存在安全隐患。维修人员将废弃的角钢放在门的背后,当甲在维修门体过程中推开门时,门后的角钢倒下,砸中其左脚趾。

(2)未按规定使用劳动保护用品。据调查,甲所在的班组已按规定给甲发放了护趾工作鞋,并要求员工在上班时按规定佩戴劳动防护用品,但甲安全意识不强,贪图方便,没有穿护趾工作鞋上岗作业,导致被砸伤了脚趾。

3. 防范措施

(1)加强员工安全教育,增强员工的安全意识。教育员工遵守有关规定,按规定正确佩戴劳动防护用品。

(2)加强物品存放的管理,按规定存放好物品,物品堆放牢固,严禁随意堆放。

(3)加强劳动防护用品使用情况的检查,杜绝类似违章行为。

单元7.3 消防事故

案例一

擅自离岗,造成火警事件

1. 事故概况

某日,某地铁运营企业某地铁站设备区蓄电池室火灾报警系统(FAS)报火警,车站行车值班员立即通知值班站长前往现场确认。值班站长和一站务人员到达蓄电池室后,闻到一股焦味,开门时发现钥匙不能插入匙孔,无法将门打开,马上返回车控室拿铁锤破门进入查看,发现充电机柜冒烟后,立即组织人员将火扑灭。经检查发现充电机的一个滤波电容器被烧毁。

2. 原因分析

(1)事发时充电机正在对蓄电池进行充电,因充电电流较大,发热严重,加之电容器使用多年,已老化,绝缘下降,承受长时间的大电流和发热,导致起火烧毁。

(2)充电作业时,作业人员将充电机设置到充电状态后,擅自离开,没有监测设备充电情况。

3. 防范措施

(1)加强设备维护,加强充电装置的检查,对存在安全隐患的元器件进行更换。

(2)加强作业安全监督,严禁擅离职守,应严格按规程要求对充放电过程进行监护。

(3) 加强钥匙管理和门锁的维护,更换门锁后要及时将钥匙交给车站。

📖 案例二

忽视动火安全造成火灾事故

1. 事故概况

某日,某工程承包单位在某地铁运营企业甲站进行组合空调器拆除施工。一组施工人员在拆卸空调器滤网后将滤网堆放在地上,另一组施工人员使用气焊切割组合空调机的出入口钢管,切割时飞溅的钢渣落到堆放在地上的空调器滤网上,造成滤网着火,车站火灾报警系统立即报火警。施工人员发现滤网着火后,立即跑出设备房,拿来灭火器救火,与赶来的车站人员一起及时将火扑灭,未造成事故扩大。事故造成两个控制箱和部分管线被烧坏,9张空调器滤网被烧毁。

2. 原因分析

忽视动火安全,违章操作。某工程承包单位未严格遵守动火安全规定,未办理动火手续擅自动火,动火时防火措施不落实;现场安全责任人责任不明确,拆下的空调器滤网未及时搬走,堆放在动火区域,也没有采取隔离等措施。

3. 防范措施

(1) 强化作业安全培训,增强施工人员的安全意识。

(2) 强化主体责任,加强作业安全的监督,认真落实作业安全防护措施,做好"三控"(自控、互控、他控)。

(3) 需动火作业时必须严格遵守动火安全规定,办理动火手续,认真落实防火措施。

(4) 动火区域内不得堆放易燃品,不能搬走的,要采取隔离措施。

单元7.4 行车事故

📖 案例一

列车挤岔事故

1. 事故概况

某日,某地铁运营企业一列车在洗车线进行洗车,洗车完毕,司机和副司机未与车辆段信号楼值班员联系,既未确认信号,也未确认道岔,擅自动车(当时速度为15km/h),将车辆段5号交分道岔挤坏。信号楼值班员听到挤岔警示后,立即用电台呼叫司机停车,司机紧急停车,列车在越过5号岔尖轨30~40m时停稳,造成了挤岔。

2. 原因分析

(1)司机、副司机安全意识不强,动车前既未确认信号、进路、道岔,又未与车场信号楼的信号值班员联系,是造成这起事故的主要原因。

(2)司机、副司机简化作业程序,未认真执行呼唤应答制度。

3. 防范措施

(1)强调"安全第一,预防为主"的指导思想,各工种密切配合,加强联系。例如,列车进、出车场前,司机须与信号值班员联系,确认信号、进路、道岔后方可动车。

(2)司机在驾驶中及动车前的呼唤应答不能流于形式,要落到实处。

(3)各级人员继续认真检查、监督规章制度落实情况,切实执行规章制度。

(4)车场派班员向司机安排作业计划时,应同时布置安全注意事项。

案例二

速度过高导致列车撞击车挡

1. 事故概况

某日,某地铁运营企业一列车在试车线北端停稳后,报告信号楼要求开始调试作业。信号楼封锁试车线后,回复司机"试车线已封锁,司机可以进行调试作业",列车开始调试作业。

列车从北往南进行第一次调试,在制动工况下车组偶尔出现"空转滑行"现象,其他无异常。到达试车线南端停车换端,司机以人工模式从南往北动车,到达试车线北端停车点停车。

司机采用人工模式由北往南行驶,在制动工况下车组也偶尔出现"空转滑行"现象,其他无异常。列车停稳换端后,司机接到车场调度员的通知,如果列车无故障就可以回库。司机按其指示执行,准备驾驶车组到试车线北端后结束调试,申请回库(在以上行车中司机均未按要求在"一度停车"标前停车再动车)。

司机以人工模式由南向北动车,没有按要求在"一度停车"标前停车。车辆进入北端最后一个轨道区段时,由于速度过高,虽然采取了紧急制动措施,车辆仍然撞击到北端摩擦式车挡,撞毁尽头的混凝土车挡,司机立即报告车场调度员及信号楼。

2. 原因分析

(1)司机严重违反了调试、试验有关安全规定,是造成本次事故的直接原因。

(2)主办部门没有明确调试的内容和要求,没有安排人员跟车指挥调试,对试车工作预想不足,是造成本次事故的原因之一。

(3)司机在本次调试过程中没有按要求在"一度停车"标前停车,是导致本次事故的原因之一。

(4)列车在试车线运行过程中多次出现"空转滑行"现象,由于司机经验不足,未能予以高度的警觉,并及时采取相应措施,是导致本次事故的原因之一。

3. 防范措施

（1）完善试车线使用人工模式驾驶调试的规章制度，调试时要加派一名监控员进行监控。

（2）列车上试车线，主办部门必须派人跟车。试车线两端停车标前要预留70m的停车距离。

（3）对所有车挡的技术状态进行检查，确保车挡的功能良好。

（4）在雨季和异常气候条件下，加强线路、信号、接触网的巡视，保证设备正常交付使用。

📖 案例三

未确认信号机，列车闯红灯

1. 事故概况

某日，某地铁运营企业一列车于17时35分进站停稳。接车副司机打开站台门，接车司机则打开驾驶室侧门进入驾驶室与到达司机交接。待乘客上下完毕后，副司机关站台门，司机通知交班司机关客室门，副司机关好站台门后进驾驶室打开主控钥匙，此时对讲机传来"交班司机已下车"，司机复诵后，副司机立即坐到主控台的驾驶座位上打开主控钥匙，没有确认前方信号机，就将方向手柄推向前位，接着推牵引手柄动车。动车后发现列车走向不是直向而是侧向，司机和副司机意识到闯了出站信号机显示的红灯，进错了股道，便立即停车。列车在越过前方信号、压上道岔约11m后停车。司机没有把情况汇报车站，而将方向手柄打到"后"位，退行越过信号机后进入站内停车。

2. 原因分析

（1）该机车班组责任心不强，动车前精力不集中，没有确认信号就盲目动车。司机、副司机没有严格执行标准化作业程序和呼叫应答制度，司机没有对副司机进行认真监控进而在作业中失控，没有凭进路防护信号机的信号显示行车，导致事故发生。

（2）人员管理问题。当值司机是刚从3号线调到1号线的第二个班，对1号线来说也是新司机，至事发时一周换了4名司机。司机、副司机相互之间了解不够，两名新司机配班不默契。

（3）排班上的问题。该机车班组在18时50分至次日1时30分上了一个班；接着在次日12时30分至19时30分上第二个班，在第二个班的第五个往返时在车站发生冒进信号事故。司机出勤前的休息不充分。

3. 防范措施

（1）加强对客车司机工作责任心的教育，严格履行岗位职责和执行标准化作业程序，动车前和客车运行中要认真确认道岔、进路和信号，严格按信号显示行车。

（2）司机应认真执行在信号开放后再关闭客车室门的作业程序。

(3)在行车工作中,各岗位员工必须严格执行呼唤应答制度和车务安全联控措施,做到信号不清不动车,未经确认不动车。

(4)科学合理地安排作业人员的班次、人员之间的搭配,防止行车作业人员出现过度疲劳现象和人为事故的发生。

案例四

线路未出清,工程车压地线

1. 事故概况

某日,某地铁运营企业一工程车作业结束,返回某车站上行站台。2时20分行车调度员通过调度电话联系各站,逐站检查上行线路出清情况,各站依次回报上行线路已出清、防护已撤除,行车调度员随即通知车站排列工程车上行反方向回车场进路。2时22分行车调度员通知工程车凭地面信号动车。2时34分值班主任从洗手间回到中控室,当时工程车已运行两个区间。值班主任询问行车调度员上行线地线是否已经拆除,行车调度员意识到地线还没有拆除,立刻使用无线调度电话通知工程车立即停车待令。2时37分行车调度员询问工程车司机运行线路是否有异常,司机刚使用无线电台答复"线路没有异常",就发现有两名供电人员从变电房开门出来,对地线进行检查,随后司机打开车门,发现离车站头端墙180m处有一组地线,地线已在机车中部,附近没有红闪灯防护。

2. 原因分析

(1)当班行车调度员工作责任心不强,安全意识淡薄,未与电力调度员核对并在施工作业登记本上标记地线位置,在未拆除地线的情况下,排列了工程车回场进路,并盲目指挥司机动车,是造成本次事故的主要原因。

(2)当班值班主任工作责任心不强、安全意识淡薄,对当晚施工组织和行车作业安全预想不到位、安全监控不到位,未能发现当晚施工组织和工程车开行存在的安全隐患,是造成本事故的原因之一。

(3)当班电力调度员未掌握当晚现场地线具体位置,也未与行车调度员核对地线所挂位置,没有做到"三控"(自控、互控、他控)。

3. 防范措施

(1)电力调度员在收到工班负责人挂接地线作业完成的报告后,须与工班负责人核对接地线的数量、位置和挂拆时间,在确认后通知行车调度员,行车调度员在施工作业登记本上对地线位置进行记录。排列进路时,必须检查确认进路上的地线已拆除。

(2)行车调度员与电力调度员确认挂接地线的位置后,应在相应轨道区段设置"封锁区段/道岔"命令,作为行车调度员在准备工程车回车场进路时的防护。建立施工作业流程表,以卡片的形式规范施工作业进程,防止行车调度员在施工作业过程中忘记某个步骤。

(3)每个调度班组在上中班时,对第二天夜班的施工计划进行审核,对工程车开行、停电区域、拆挂接地线的地点要有一个全盘的了解。在进行夜班交接班会时,值班主任要对重点的施工进行布置,各调度班组之间要沟通好,做好班前安全预想,保证施工安全顺利地进行。

案例五

司机误操作,造成多趟列车晚点

1. 事故概况

某日,接车司机与轮值在甲地上行接某次车,接车司机误开主控钥匙导致列车无法动车;行车调度员马上通知后续列车担任救援列车,故障车司机做救援准备时到达端停放制动无法施加,后续发现并关闭接车端主控钥匙后列车可以动车;之后列车运行至甲存车线退出服务;造成多趟列车晚点。

2. 原因分析

(1)接车司机提前激活驾驶台,导致列车折返失败且运行端无法动车。

(2)接车司机未按标准化作业,提前操作主控钥匙。

(3)到达司机故障处置慌乱,导致事件扩大。

(4)轮值、队长对司机作业监控不到位,未予以有效指导。

3. 防范措施

(1)加强乘务队伍的管理,把司机标准化作业确实落实到位,并梳理关键作业误操作防控措施,下发员工学习掌握。

(2)强化司机业务技能,特别是加强正线轮值队长等关键岗位的培训和抽问力度。

案例六

OCC调度违章组织行车事件

1. 事故概况

某日,行车调度员在车站控制器(STC)系统自检时间段 t_1 时间排列从甲—乙工程车运行进路,之后报文确认排列成功、进路排列成功;t_2 时间之后,某道岔干扰;在之后,道岔干扰恢复,转至左位,进路保存;t_3 时间之后,行车调度员通知某次动车配合作业;t_4 工程车司机行驶中发现某道岔位置不正确后紧急制动,停稳后越过道岔 5m 并报行车调度员;t_5 时确认安全后,行车调度员组织某次车返回乙站并重新排列甲—乙(1002)进路,确认排列显示正确后,某次车继续配合作业。

2. 原因分析

(1)直接原因:在该企业《地铁信号设备故障应急处理指南》的附录(操作指引)中对于"STC系统自检过程中的相关操作指引"明确要求在"STC自检过程中严禁开关车门、站台门、防淹门、转换道岔等操作,如出现该操作,将导致STC自检不通过"。行车调度员未按指引要求操作,违规在信号系统自检期间擅自排列进路致使埋下安全隐患。

(2)间接原因:①企业对技术问题认识和重视度不到位,只在信号指南中说明操作可能导致自检不通过,未深入地研究操作设备可能导致的风险。②标准化作业流于形式,臆测组织行车,行车调度员对关键设备操作、进路排列等双人互控作业关键要点的执行流于形式。

3. 防范措施

(1)加强互控。同时要求在调度信号操作终端张贴明显的"系统自检期间严禁排列进路"的提醒标志。

(2)在原因未彻底清除和防范措施未足够前,行车调度员发布调度命令,明确各次列车在限制人工驾驶(RM)模式下及工程车经过某道岔前,须停车确认某道岔位置正确后再动车。

(3)考虑设置倒计时提醒装置,用以提醒行车调度员在自检时间段内禁止排列进路及组织列车通过道岔。

(4)关于信号自检不通过情况下的相关操作,通信信号维保部根据信号供货商提供的资料,修改完善《三号线STC自检相关操作指引》并对行车相关岗位人员进行培训。

(5)司机岗位人员须认真确认行车进路,严禁臆测行车、盲目赶点,严格落实呼唤应答、手指口呼等制度,并且注意落实质量。列车在运行时司机要精力集中地、不间断地瞭望,发现进路异常时应果断地采取紧急措施。

📖 案例七

列车超速紧急制动(紧制)事件

1. 事件概况

某日,某次列车,司机张某驾驶列车出场运行至转换轨Ⅱ道停稳,因甲下行站台有车,行车调度员通知司机以受控人工驾驶(SM)模式限速20km/h运行,司机错误复诵成限速25km/h运行,行车调度员未纠正。司机按限速25km/h速度运行,实际运行速度在23km/h左右。几分钟后,列车越过W2503道岔后,司机未听到列车超速报警声(因前方进路还未排列,推荐速度快速下降),便拉制动,同时发现列车触发紧制停车,列车停稳后越过X2519信号机约1m(信号机为灭灯状态,不作为行车凭证)。

2. 原因分析

(1)直接原因:司机未按调度集中(CTC)模式下SM模式驾驶时"以车载信号推荐速度为行车凭证、司机严格监控列车速度"的要求操作列车,驾驶列车过程中注意力不集中,未及时发现列车在运行过程中超速,在超速报警后才对列车施加制动,导致列车超速紧急制动。

(2)间接原因:标准化作业流于形式。司机将行车调度员在转换轨发布的限速20km/h的命令错误复诵为25km/h,行车调度员未及时发现并纠正。

(3)管理存在问题:安全风险控制不到位;未制定有效风险控制措施;配合测试部门内部未明确相关安全注意事项。

3. 防范措施

(1)加强司机关键业务知识培训,要求每名司机熟练掌握各信号模式和驾驶模式下的行车凭证,在列车驾驶过程中认真做好行车凭证的确认。加强有关出场风险和对策的学习。

(2)切实通过听录音、看录像等方式检查司机的工作状态和业务技能水平,做好抽查和监督。

(3)针对事件中存在的调度命令复诵、确认不到位的情况,通过检查、测试等方式掌握司机调度命令复诵的情况,生产调度部通过专项的提升活动切实提高调度命令发布的准确性。

(4)生产调度部各调度员应通过现场学习、业务交流等形式进一步熟悉现场情况,在故障处理和信息发布时与现场做好沟通,避免发布与现场情况不一致的指令和信息。进一步加强对值班主任助理的信息收发技能培训。

(5)强化司机作业的标准化,强调司机在驾驶过程中不能做与驾驶无关的操作,要求司机按规定在出勤时穿戴整齐,避免在驾驶过程中出现意外。

复习思考题

1. 城市轨道交通运营常见事故主要有哪几种类型?
2. 对于"未确认信号,列车闯红灯"事故,应该采取什么防范措施?

附录 1
本教材配套动画资源清单

二维码编号	模块—单元	资源名称	资源类型
二维码 1	模块 1—单元 1.1	安全生产事故处置	二维动画
二维码 2	模块 1—单元 1.1	行车安全无小事	二维动画
二维码 3	模块 1—单元 1.4	行车安全	二维动画
二维码 4	模块 3—单元 3.1	风险辨识	二维动画
二维码 5	模块 3—单元 3.3	风险控制	二维动画
二维码 6	模块 4—单元 4.5	电气安全	二维动画
二维码 7	模块 4—单元 4.6	消防安全 1	二维动画
二维码 8	模块 4—单元 4.6	消防安全 2	二维动画
二维码 9	模块 4—单元 4.6	消防安全 3	二维动画
二维码 10	模块 6—单元 6.2	事故调查 1：调查的目的和意义	二维动画
二维码 11	模块 6—单元 6.2	事故调查 2："四不放过"原则	二维动画

附录 2
"城市轨道交通运营安全"课程参考标准

一、前言

1. 课程性质

该课程是城市轨道交通专业的专业主干课程。该课程的学习,可使学生掌握安全的基本知识,增强安全意识,了解运营安全管理、危险源统计分析常识,熟悉城市轨道交通安全标志,熟练掌握安全专项技术,掌握应急故障处理及运营事故的安全程序和要求,为学生顶岗实习做好准备。

2. 设计思路

该课程涉及的各类法律法规及规章比较多,在教学过程中,要着重培养和发展学生的安全意识,强调养成"写标准语、说标准话、干标准活"的良好习惯。重点应引导学生掌握和理解与城市轨道交通有关的各类规章内容,扩展学生对运营工作的认识。在教学中,要加强和其他课程的联系,培养学生的横向思维和发散思维,提高学生综合应用知识的能力。

按照情境学习理论的观点,只有在实际情境中学生才可能获得真正的职业能力,并取得理论认知水平的发展,因此该课程要求打破纯粹地讲述理论知识的教学方式,实施模块教学以改变传统学与教的行为。按运营安全工作任务为载体进行设计,以工作任务为中心整合理论与实践,实现理论与实践的一体化教学。教学效果评价采取过程评价与结果评价相结合的方式,通过理论与实践相结合,重点评价学生的职业能力。

二、课程目标

通过该课程的学习,学生能够了解安全基本常识,熟悉运营安全管理知识,掌握安全专门技术和应急故障处理,掌握危险源识别及安全分析评价的方法。

1. 知识能力

(1)了解城市轨道交通运营安全常识。
(2)了解城市轨道交通运营安全管理。
(3)掌握运营安全技术。

2. 专业能力

(1)掌握城市轨道交通通用安全技术。
(2)能识别城市轨道交通危险源、职业危害并进行防护。
(3)能进行城市轨道交通应急救援。
(4)熟悉安全生产法律法规。

3. 社会能力

通过项目训练,提高学生团结协作、吃苦耐劳、实事求是、诚信为本的能力,增强学生事故保护、安全防范意识。

三、课程的主要内容与要求

根据专业课程目标和涵盖的工作任务要求,确定课程内容和要求,说明学生应获得的知识、技能与态度。列表如下。

序号	教学模块	主要内容	技能要求	参考学时
1	掌握城市轨道交通运营安全基本知识	(1)掌握安全的概念及基本知识; (2)熟悉城市轨道交通运营特点及影响安全的因素	(1)懂得安全的重要性,树立安全意识; (2)能结合城市轨道交通运营特点进行分析,并认识影响安全的因素	6
2	熟悉城市轨道交通运营安全管理	(1)掌握安全管理的概念; (2)理解安全管理制度; (3)了解安全有关法律法规; (4)掌握人员安全管理	懂得人员安全管理	14
3	能识别与控制城市轨道交通危险源	(1)了解危险源相关知识; (2)了解危险源的种类	(1)能运用有关知识识别危险源; (2)掌握安全标志的使用	10
4	能正确运用城市轨道交通运营安全技术	(1)掌握行车安全知识; (2)了解施工安全管理; (3)掌握消防安全技术; (4)掌握机械、电气安全	(1)会运用行车安全规章进行行车作业; (2)规范施工作业,了解工程车开行; (3)运用机械、电气知识正确操作机械、电气设备	18
5	熟悉城市轨道交通应急设备及常见事故处理	(1)掌握城市轨道交通应急设备; (2)掌握常见事故处理程序	会使用城市轨道交通应急设备	4

续上表

序号	教学模块	主要内容	技能要求	参考学时
6	熟悉轨道交通事故分类及事故处理	(1)掌握事故的分类、调查、处理; (2)了解安全运营管理体系	会事故调查、分析判断	8
7	机动(含模块7 城市轨道交通事故案例分析)			12
合 计				72

四、实施建议

1. 教材选取

耿幸福,崔联云. 城市轨道交通运营安全[M]. 3 版. 北京:人民交通出版社股份有限公司,2022.

2. 教学建议

(1)熟练掌握规章。本教材涉及的各类规章比较多,在教学过程中,要着重培养和强化学生安全意识,重点应引导学生掌握和理解城市轨道交通有关的各类规章内容。

(2)案例分析。本教材的内容大部分是规章制度式条文,平淡无奇。若照章宣读,死记硬背,课堂必然枯燥无味。在教学中,要善于收集和利用实际案例,在分析案例的过程中,学习和理解有关的规章。

(3)在教学过程中,教师要多示范、多演示,创造条件让学生多练习、多操作、多动手,以切实地提高学生的技能水平。

(4)在教学过程中,要加强和其他课程的联系,培养学生的横向思维和发散思维,提高学生综合应用知识的能力。

3. 教学评价

(1)改革传统的学生评价手段和方法,采用过程性评价与目标评价相结合,项目评价、理论与实践一体化评价模式。

(2)关注评价的多元性,结合课堂提问、学生作业、平时测验、模块考核、技能目标考核作为平时成绩,占总成绩的 50%;理论考试和实际操作作为期末成绩,其中理论考试占 30%,实际操作考试占 70%,占总成绩的 50%。

(3)应注重学生动手能力和实践中分析问题、解决问题能力的考核,对在学习和应用上有创新的学生应予以特别鼓励,全面综合评价学生能力。

4. 资源利用

(1)注重实训指导书和实训教材的开发和应用。

(2)注重课程资源和现代化教学资源的开发和利用,如多媒体教室的应用,这些资源有利于创设形象生动的工作情境,激发学生的学习兴趣,促进学生对知识的理解和掌握。同时,建议加强课程资源的开发,建立多媒体课程资源的数据库。

(3)积极开发和利用网络课程资源,充分利用诸如电子书、电子期刊、数据库、数字图书馆、教育网站和电子论坛等网上信息资源,使教学从单一媒体向多种媒体转变、教学活动从信息的单向传递向双向交换转变、学生单独学习向合作学习转变,同时应积极创造条件搭建远程教学平台,扩大课程资源的交互空间。

(4)产学合作开发实训课程资源,充分利用校内外实训基地,进行产学合作,实践"工学"交替,满足学生的实习、实训,同时为学生的就业创造机会。

(5)建立本专业开放式实训中心,使之具备现场教学、实训、职业技能证书考证的功能,实现教学与实训合一、教学与培训合一、教学与考证合一,满足学生综合职业能力培养的要求。

参 考 文 献

[1] 金磊,徐德蜀,罗云.中国现代安全管理新编[M].北京:人民邮电出版社,1995.
[2] 徐德蜀,宋大成.安全科学与安全生产[M].成都:中国劳动保护科学技术学会,1996.
[3] 郑希文.安全生产管理[M].北京:冶金工业出版社,1997.
[4] 陈信,袁修干.人-机-环境系统工程总论[M].北京:北京航空航天大学出版社,2000.
[5] 何学秋,等.安全工程学[M].北京:中国矿业大学出版社,2000.
[6] 彭冬芝,郑霞忠.现代企业安全管理[M].北京:中国电力出版社,2004.
[7] 周小楠.城市轨道交通运营安全[M].北京:中国劳动和社会保障出版社,2008.
[8] 顾正洪.交通运输安全[M].2版.南京:东南大学出版社,2016.
[9] 何静.城市轨道交通运营管理[M].3版.北京:中国铁道出版社,2017.

实训任务 1　掌握城市轨道交通安全标志与安全色

在城市轨道交通运营过程中,往往会通过设置一定的安全标志、安全色、安全线、辅助标志等,对乘客起到引导、警示作用。依据本模块内容,结合你在日常生活中观察到的各类安全标志,以小组为单位开展互问互答的演练式训练,掌握城市轨道交通的安全标志、安全色及有关辅助标志,并能够区分城市轨道交通安全标志与日常公共交通安全标志。

本次实训任务的实训工具要求:《城市轨道交通运营安全》教材,各类城市轨道交通警示标志。建议学员小组 6~7 人为宜(不宜超过 10 人/小组)。

任务目标

1. 能熟练识别城市轨道交通各类安全标志、辅助标志;
2. 能正确描述各类安全标志、辅助标志的功能;
3. 能正确区分和使用安全色;
4. 能正确区分城市轨道交通安全标志和日常公共交通安全标志。

任务要求

1. 以小组为单位开展互问互答的桌面演练式训练。
2. 桌面演练过程中,演练活动主要是围绕考核表中的问题进行讨论。演练过程设置:教师为每个小组的观察和监督员,并设置演练组长 1 名,记录员 1 名。

组长:负责演练实施过程的指挥控制,确保每位学员参与问答的各个环节,并对每位学员的演练过程进行评估;

记录员:负责演练过程的各项文案记录工作,记录每一个学员的回答情况,记录演练过程中存在的不足及提出的改进意见;

实训学员:扮演不同的角色,完成桌面演练要求的各项问答任务,互为监督、互相提出改进意见。

3. 演练过程围绕任务目标开展。

任务实施与考核

实训任务	掌握城市轨道交通安全标志与安全色		
任务说明	以小组为单位开展互问互答的桌面演练		
班级		姓名	
学习小组		考核时间	
【考核内容】			
考核项目	考核标准	分值	得分
签到	规范着装	5	
	按要求如实填写实训签到表	5	
识别城市轨道交通各类安全标志、辅助标志	正确识别各类安全标志、辅助标志	10	
	正确区分城市轨道交通安全标志与日常公共交通安全标志	15	
描述城市轨道交通安全标志、辅助标志的功能	正确描述各类标志的功能和使用环境	25	
安全色的区分与使用	正确识别安全色的种类	5	
	正确描述安全色的功能	5	
	正确使用对比色	10	
遵守实训室规定与要求	做到实训设备(模型)或工具随拿随用,任务完毕后放回指定位置,具备良好职业素质	20	
总评成绩		100	

任务完成人总结:

日期: 年 月 日

指导教师评价:

日期: 年 月 日

实训任务2　火灾逃生

火灾是城市轨道交通运营过程中危害较大的事故之一,因此正确引导乘客进行火灾逃生是城市轨道交通专业学生必备技能之一。依据本模块内容,结合你在日常生活中所学知识,以小组为单位开展互问互答的演练式训练,熟悉掌握各类安全逃生标志,熟练使用各类火灾安全逃生工具,并能正确进行火灾安全逃生。

本次实训任务的实训工具要求:《城市轨道交通运营安全》教材,防烟面罩,毛巾等。建议学员小组6~7人为宜(不宜超过10人/小组)。

任务目标

1. 能熟练分析地铁火灾成因;
2. 能掌握火灾逃生工具的使用;
3. 能熟练认识各类引导标志;
4. 能熟练进行火灾逃生。

任务要求

1. 以小组为单位开展桌面问答、实操训练。
2. 桌面演练过程中,演练活动主要是围绕考核表中的问题进行讨论。演练过程设置:教师为每个小组的观察和监督员,并设置演练组长1名,记录员1名。

组长:负责演练实施过程的指挥控制,确保每位学员参与问答的各个环节,并对每位学员的演练过程进行评估;

记录员:负责演练过程的各项文案记录工作,记录每一个学员的回答情况,记录演练过程中存在的不足及提出的改进意见;

实训学员:扮演不同的角色,完成桌面演练要求的各项问答任务,互为监督、互相提出改进意见。

3. 演练过程围绕任务目标开展。

任务实施与考核

实训任务	火灾逃生		
任务说明	以小组为单位开展互问互答的桌面演练和实操训练		
班级		姓名	
学习小组		考核时间	
【考核内容】			
考核项目	考核标准	分值	得分
签到	规范着装	5	
	按要求如实填写实训签到表	5	
分析地铁火灾成因	正确描述地铁火灾成因	10	
	正确描述如何防范地铁火灾	15	
火灾逃生工具的使用	正确使用各类火灾逃生工具	15	
认识各类引导标志	熟练认识各类引导标志	10	
火灾逃生	正确描述火灾逃生方法	10	
	正确进行火灾逃生	10	
遵守实训室规定与要求	做到实训设备(模型)或工具随拿随用,任务完毕后放回指定位置,具备良好职业素质	20	
	总评成绩	100	

任务完成人总结:

日期: 年 月 日

指导教师评价:

日期: 年 月 日

实训任务3　使用常用灭火装置进行灭火训练

在城市轨道交通运营过程中,往往会遇到各种安全意外,包括机械伤害、电气伤害、火灾等,熟练掌握各种安全急救措施是城市轨道交通专业学生必备技能之一。本实训通过设置简单的一些火灾模拟案例,要求学生能够依据本模块内容,以小组为单位开展互问互答的演练式训练,熟悉掌握常见的灭火装置的使用步骤和使用方法,能熟练使用灭火装置进行灭火。

本次实训任务的实训工具要求:《城市轨道交通运营安全》教材,各类灭火装置等。建议学员小组6~7人为宜(不宜超过10人/小组)。

任务目标

1. 熟悉灭火装置的种类;
2. 能正确选择不同火灾条件下的灭火装置;
3. 能正确掌握灭火装置的使用步骤;
4. 能熟练使用灭火装置进行灭火。

任务要求

1. 以小组为单位开展互问互答的桌面演练式训练。
2. 桌面演练过程中,演练活动主要是围绕考核表中的问题进行讨论。演练过程设置:教师为每个小组的观察和监督员,并设置演练组长1名,记录员1名。

组长:负责演练实施过程的指挥控制,确保每位学员参与问答的各个环节,并对每位学员的演练过程进行评估;

记录员:负责演练过程的各项文案记录工作,记录每一个学员的回答情况,记录演练过程中存在的不足及提出的改进意见;

实训学员:扮演不同的角色,完成桌面演练要求的各项问答任务,互为监督、互相提出改进意见。

3. 演练过程围绕任务目标开展。

任务实施与考核

实训任务	使用常用灭火装置进行灭火训练		
任务说明	以小组为单位开展互问互答的桌面演练		
班级		姓名	
学习小组		考核时间	
【考核内容】			
考 核 项 目	考 核 标 准	分值	得分
签到	规范着装	5	
	按要求如实填写实训签到表	5	
熟练灭火装置的种类	正确识别不同的灭火装置	10	
	正确掌握灭火装置的使用方法	15	
不同火灾条件下灭火装置的选择	正确针对不同类型的火灾选择正确的灭火装置	15	
灭火装置灭火	正确描述灭火装置的使用步骤	5	
	根据案例条件正确选择灭火装置	10	
	正确使用灭火装置进行灭火	15	
遵守实训室规定与要求	做到实训设备(模型)或工具随拿随用,任务完毕后放回指定位置,具备良好职业素质	20	
总评成绩		100	

任务完成人总结:

日期: 年 月 日

指导教师评价:

日期: 年 月 日

实训任务 4 机械伤害急救

在城市轨道交通运营过程中,往往会遇到各种安全意外,包括机械伤害、电气伤害、火灾等,熟练掌握各种安全急救措施是城市轨道交通专业学生必备技能之一。本实训通过设置简单的一些机械伤害案例,要求学生能够依据本模块内容,以小组为单位开展互问互答的演练式训练,熟悉掌握常见的机械伤害的处理方法和处理步骤,能够熟练对简单的机械伤害进行处理。

本次实训任务的实训工具要求:《城市轨道交通运营安全》教材,绷带,夹板,止血带,纱布,剪刀,担架等。建议学员小组 6~7 人为宜(不宜超过 10 人/小组)。

任务目标

1. 能熟练识别各类机械伤害;
2. 能对机械伤害进行简单分析并清楚其后果;
3. 能正确掌握各类机械伤害处理步骤;
4. 能熟练掌握常见的机械伤害处理方法并进行简单的止血处理。

任务要求

1. 以小组为单位开展互问互答的桌面演练式训练。
2. 桌面演练过程中,演练活动主要是围绕考核表中的问题进行讨论。演练过程设置:教师为每个小组的观察和监督员,并设置演练组长 1 名,记录员 1 名。

组长:负责演练实施过程的指挥控制,确保每位学员参与问答的各个环节,并对每位学员的演练过程进行评估;

记录员:负责演练过程的各项文案记录工作,记录每一个学员的回答情况,记录演练过程中存在的不足及提出的改进意见;

实训学员:扮演不同的角色,完成桌面演练要求的各项问答任务,互为监督、互相提出改进意见。

3. 演练过程围绕任务目标开展。

任务实施与考核

实训任务	机械伤害急救			
任务说明	以小组为单位开展互问互答的桌面演练			
班级		姓名		
学习小组		考核时间		
【考核内容】				
考核项目	考核标准		分值	得分
签到	规范着装		5	
	按要求如实填写实训签到表		5	
识别各类机械伤害	正确识别机械伤害的类型		10	
	正确分析机械伤害造成的后果		15	
各类机械伤害处理步骤	正确描述各类机械伤害的处理步骤		15	
简单机械伤害的处理	正确识别出血部位		5	
	正确选择方法进行止血		5	
	正确对出血点进行止血包扎		10	
	正确使用担架		10	
遵守实训室规定与要求	做到实训设备(模型)或工具随拿随用,任务完毕后放回指定位置,具备良好职业素质		20	
总评成绩			100	

任务完成人总结:

日期: 年 月 日

指导教师评价:

日期: 年 月 日

实训任务 5　触电伤害处理

在城市轨道交通运营过程中,往往会遇到各种安全事故,包括机械伤害、电气伤害、火灾等,熟练掌握各种安全急救措施是城市轨道交通专业学生必备技能之一。本实训通过设置简单的一些触电伤害案例,要求学生能够依据本模块内容,以小组为单位开展互问互答的演练式训练和实操训练,熟悉掌握常见的触电伤害的处理方法和处理步骤,能够熟练对触电伤害进行处理。

本次实训任务的实训工具要求:《城市轨道交通运营安全》教材,假人,担架等。建议学员小组 6~7 人为宜(不宜超过 10 人/小组)。

任务目标

1. 能熟练识别触电伤害的类别;
2. 能正确描述触电伤害的处理步骤;
3. 能正确掌握心肺复苏的方法;
4. 能正确进行心肺复苏。

任务要求

1. 以小组为单位开展互问互答的桌面演练式训练和实操训练。
2. 桌面演练过程中,演练活动主要是围绕考核表中的问题进行讨论。演练过程设置:教师为每个小组的观察和监督员,并设置演练组长 1 名,记录员 1 名。

组长:负责演练实施过程的指挥控制,确保每位学员参与问答的各个环节,并对每位学员的演练过程进行评估;

记录员:负责演练过程的各项文案记录工作,记录每一个学员的回答情况,记录演练过程中存在的不足及提出的改进意见;

实训学员:扮演不同的角色,完成桌面演练要求的各项问答任务,互为监督、互相提出改进意见。

3. 演练过程围绕任务目标开展。

任务实施与考核

实训任务	触电伤害处理		
任务说明	以小组为单位开展互问互答的桌面演练和实操训练		
班级		姓名	
学习小组		考核时间	
【考核内容】			
考核项目	考核标准	分值	得分
签到	规范着装	5	
	按要求如实填写实训签到表	5	
熟练识别触电伤害的类别	正确识别触电伤害的类型	10	
	正确分析触电伤害造成的后果	15	
触电伤害的处理步骤	正确描述触电伤害的处理步骤	15	
心肺复苏	正确描述心肺复苏的方法	10	
	正确进行心肺复苏	20	
遵守实训室规定与要求	做到实训设备(模型)或工具随拿随用,任务完毕后放回指定位置,具备良好职业素质	20	
	总评成绩	100	

任务完成人总结:

日期: 年 月 日

指导教师评价:

日期: 年 月 日